HSP《ハイリー・センシティブ・パーソン》の教科書

上戸えりな

Clover
クローバー出版

あなたはＨＳＰという言葉をご存じですか？

初めて出会う言葉でしたか？

この本には、私自身がＨＳＰという気質を持っているからこそ気付く、「わかる」「思う」「感じる」「知っている」ことをベースに、

・この気質の基礎知識や特徴
・気質との向き合い方
・気質を通して起こりうる問題への対処法
・自分との向き合い方など、

ＨＳＰと人生を絡めた内容をお伝えしています。

ＨＳＰは病気ではありません。あくまで**「気質」であり個性の一部**です。

この気質とうまく付き合えずに、自分に自信をなくしたり、自分らしさが見えなくなったりして、生きづらさを感じている人を沢山見てきました。

ですが、あなたは1人ではありません。本書を読み終わる頃には、この本と出会う前のあなたとは違う、新しいあなたと出会えるはずです。

気質について知ることで、**見えてくる自分**がいるはずです。

気質と向き合うことで知る、自分の**新たな一面**があるはずです。

目をつむりたくなることや、辛く感じて読み進められないときもあるかもしれません。そんなときは無理に読まなくても結構です。あなたのペースで、あなたの感覚で、ゆっくりお付き合いいただけたら嬉しいです。

あなたの人生に、本書が少しでもお力になれましたら幸いです。

第一章　ＨＳＰってなぁに？

第四章　ＨＳＰと人間関係

第五章　自分を好きになり、大切にする方法

◉もくじ◉

第六章　HSPと恋愛・結婚

第七章　子育てとの関わり方

第一章　HSPってなぁに?

第一章　ＨＳＰってなあに？

あなたもＨＳＰかも？

この本を手に取ったあなたは、ＨＳＰという言葉を知っていましたか？それとも初めて知った言葉だったでしょうか？

ＨＳＰ（エイチ・エス・ピー）とは、ある言葉の略語のこと。Highly Sensitive Person（ハイリー・センシティブ・パーソン）のことを短縮してそう呼んでいます。ある特徴を持った人を示した言葉です。どんな特徴かということはこのあとで詳しく説明しますが、シンプルに一言で表すとすれば、「**繊細・敏感・感受性が豊か**」、そんな気質を持った人のことです。

ちなみに初めに言っておきますが、ＨＳＰは病気ではありません。そういう気質・キャラクターを持っている人のことです。

◉いろんなことに気付きやすい。
◉些細な仕草、言動から相手の意図を読み取ることができる。
◉いろいろなものに深く感動できる。
◉周りからは気にしすぎ、考えすぎと言われる。
◉騒音が苦手。
◉団体行動が苦手。

などなど。このような項目に当てはまる人のことを示しています。

最近ではＨＳＰに関する情報もかなり広まっていて、本やブログ、ホームページやＳＮＳなど、いろんなところでＨＳＰに関する情報を収集できる機会が増えています。専門用語を用いて説明していることもあり、どうしても難しさを感じてしまう人もいるかもしれませんね。

学術的なことが書いてある本は内容としてきちんと書かれていて、その分野の専門の方が書いていたりするということもあって説得力もあるでしょう。でも、なかには、非常に堅い文体や言葉遣いで綴られていて、読み進める途中でパタンと本を閉じてしまう人もいるかもしれません。

本書では、自身がＨＳＰであり、この気質と向き合い続け、かつ、この気質を素晴らしいもので良いものだとプラスに捉えている私だからこそ発信できることを、できるだけわかりやすく、かつシンプルにお伝えしていきたいと思います。

ＨＳＰの意味を知ろう

ＨＳＰの説明を簡単にさせて頂きましたが、改めてちゃんとＨＳＰのお話をさせて頂きます。ＨＳＰとは、アメリカの心理学者エレイン・Ｎ・アーロン博士が提唱した気質です。アーロン博士ご自身が、自分の敏感さでいろいろと悩み考え苦しんだ末にたどり着いたもので、１９９６年にＨＳＰに関する本を出版してから、まだ20年余りと、実は期間としてはそんなに長いものではないのです。

そしてこれは、先ほどもお伝えしたように病気ではなく、そういう気質・キャラクターのことですので、私はよく「**その人の生まれ持ったものの一部に名前をつけているようなもの**」と伝えています。だからお薬を飲めば治るというものでもないのです。

まず初めにＨＳＰかどうかを診断するに当たって、アーロン博士が提唱している有名なチェックリストがあるので、そのチェック項目をまずはぜひ試してみてほしいと思います。

ＨＳＰチェックリスト

（エレイン・N・アーロンによる）

次の質問に感じたままお答えください。はい・いいえのどちらかを選んでくださいね。

１　自分を取り巻く環境の微妙な変化によく気付くほうだ。　**［はい・いいえ］**

２　他人の気分に左右される。　**［はい・いいえ］**

3　痛みにとても敏感である。【はい・いいえ】

4　忙しい日が続くと、ベッドや暗い部屋など、プライバシーが得られ刺激から逃れられる場所に引きこもりたくなる。【はい・いいえ】

5　カフェインに敏感に反応する。【はい・いいえ】

6　明るい光や強いにおい、ざらざらした布地、サイレンの音などに圧倒されやすい。【はい・いいえ】

7　豊かな想像力を持ち、空想にふけりやすい。【はい・いいえ】

8　美術や音楽に深く心を動かされる。【はい・いいえ】

9　とても誠実である。　　　　　　　　　　　　　　　　【はい・いいえ】

10　すぐに驚いてしまう。　　　　　　　　　　　　　　【はい・いいえ】

11　短時間に沢山のことをしなければいけない場合、混乱してしまう。　【はい・いいえ】

12　人が何か不快な思いをしているとき、どうすれば快適になるかすぐ気付く（例えば電灯の明るさを調整したり、席を替えたりするなど）。　【はい・いいえ】

13　一度に沢山のことを頼まれると嫌だ。　　　　　　【はい・いいえ】

14　ミスをしたり、忘れ物をしたりしないようにいつも心がけている。
［はい・いいえ］

15　暴力的な映画やテレビ番組は観ないようにしている。
［はい・いいえ］

16　あまりにも沢山のことが自分の周りで起こっていると、不快になり神経が高ぶる。
［はい・いいえ］

17　生活に変化があると混乱する。
［はい・いいえ］

18　繊細な香りや味、音楽を好む。
［はい・いいえ］

19　普段の生活で、動揺を避けることに重きを置いている。
［はい・いいえ］

20　仕事をするとき、競争させられたり、観察されたりしていると、緊張していつもどおりの実力を発揮できなくなる。

【はい・いいえ】

21　子どもの頃、親や教師は自分のことを「敏感」とか「内気」と思っていた。

【はい・いいえ】

【得点評価】

質問のうち、12個以上に「はい」と答えた人は、おそらくHSPでしょう。

しかし、どんな心理テストよりも、実際の生活のなかで感じていることのほうが確かです。たとえ「はい」が1つや2つしかなくても、その度合いが極端に強ければあなたはHSPかもしれません（エレイン・N・アーロン著『ひといちばい敏感な子』より）。

このチェックリスト、あなたは何個当てはまっていましたか？　もしかしたらほぼ満点です、という方もいるかもしれませんね。なかには、このチェックリストを見て、「これに当てはまっていたとしてもＨＳＰって言い切れるの？」と思う方もいるかもしれません。実は、もっと核心を突く条件があり、それに当てはまると、ＨＳＰ確定と言っても過言ではないものがあるのです。

これに当てはまるとあなたもＨＳＰ（４つの特徴・ＤＯＥＳ）

アーロン博士が、人一倍敏感な人には**「４つの面」**があると提唱しています。しかも、その４つのうち１つでも当てはまらないなら人一倍敏感な人ではない、とまで言い切っているこの４つ。要は、この４つの面が当てはまって初めてＨＳＰということです。

その4つというのが、

D：深く処理する（Depth of processing）
O：過剰に刺激を受けやすい（being easily Overstimulated）
E：全体的に感情の反応が強く、特に共感力が高い（being both Emotionally reactive generally and having high Empathy in particular）
S：些細な刺激を察知する（being aware of Subtle Stimuli）

つまり、**DOES**です。

少し掘り下げてお伝えしますと、アーロン博士はＨＳＣ（Highly Sensitive Child のこと。よく私は、「ＨＳＰの子どもバージョンと認識して頂ければわかりやすいかと思います」とお伝えしています。アーロン博士は「人一倍敏感な子＝ＨＳＣ」と呼んでいるので、こちらを参照してこのように呼んでいます）の特徴として、この４つの面を挙げています。ということは、ＨＳＰにも当てはまるということなのです。

ＤＯＥＳについて１つずつ、より具体的に解説していきたいと思います。

◈Ｄ：深く処理する（Depth of processing）

◉深い質問をする。
◉あれこれ可能性を考えて、なかなか決断ができない。
◉行動を起こすのに時間がかかる。
◉物事を深く捉えたり、考えたりしてしまう。

このような項目は全て、「深く考えるサイン」となっているものです。１つの出来事に対して深く考えることはＨＳＰらしい特徴の１つです。それゆえ、大したことがないように見えることでも深く掘り下げてしまうことがよくあります。

また場合によっては、生きるとは何か？　とか、人生とは？　命とは？　などの深いところに繋げてじっくりと考えることもあります。そのように深く考えてしまうことから、今お伝えしたような類の話題も好きなので、自然と自己啓発やスピリチュアルに興味を持つ方も多いです。

自分のなかで深く落とし込む考え方をするので、普段から1つの出来事に対しても掘り下げて理解しようとしたり、内容をより細かく深く知ろうとします。

◈O：過剰に刺激を受けやすい（being easily Overstimulated）

◉大きな音にダメージを受ける。

◉暑さ、寒さ、自分に合わない服、ぬれたりチクチクしたりする服に文句を言う。

◉ダウンタイム（※）や静かな時間が必要。

◉サプライズパーティが苦手。

◉人に見られたり実力を試されたりする場面では、普段の力を発揮することができない。

◉痛みに敏感。


このように、刺激を敏感に受けやすいのも特徴です。

（※ダウンタイムとは、「自分の本質に戻る時間」というように解釈してもらえたらわかりやすいかと思います）

また私を含めＨＳＰの方々のなかには、

◉ライブ会場などうるさいところが苦手。

◉人混みだと疲れやすい。

◉肌に触れる素材がとても重要なので、着用する服や使用するシーツの肌触りに非常にこだわる。

◉一人時間がないと辛い。

◉嗅覚が鋭い。


というような項目に当てはまる人が沢山いるのも特徴です。ちなみに私は、クラブなどで流れている重低音はなんとか我慢できますが、ライブハウスなどの楽器から出る大きな音が苦手で、その類の音には敏感になり、とても居心地が悪くなったり、疲労感でいっぱいになってしまいがちです。

しかし同じＨＳＰ仲間の方には、私と逆でライブハウスは大丈夫という方もいたりしますし、同じ気質と言えどもそれぞれに若干違いがあったりします。

◈E：全体的に感情の反応が強く、特に共感力が高い
(being both Emotionally reactive generally and having high Empathy in particular)

◉物事の1つ1つを深く感じ取る。
◉涙もろい。
◉人の心を読むことに長けている。
◉些細な間違いにも強く反応する。
◉学校の友達や、家族、初めて会った人まで、他人のストレスによく気付く。

このように過敏に反応し、かつ高い共感力があることから、自分のことじゃないことに関しても、まるで自分に起こった出来事のように反応してしまう、という特徴があります。
例えば相手が何かの理由で傷付いていた場合、話を聞いたり相談に乗って

いるだけで、あたかも自分まで同じ経験をしたり同じ傷を抱えているかのように、相手と同じような感情を抱いてしまうこともあります。そのため、ドラマや映画などに感情移入する方もとても多く、フィクションだと割り切って観られなかったりすることもあります。

また他にも、暴力シーンやボクシングその他の格闘技などにも恐怖心を抱いてしまったり、痛みを予想してしまうことがあるために苦手だったり、共感性羞恥（恥ずかしいシーンなどを見ると、あたかも自分が恥ずかしい思いをしたときと同じ感覚になってしまうこと）の特徴を持っていたりする方もいます。

◈S：些細な刺激を察知する（being aware of Subtle Stimuli）

◉小さな音、かすかなにおいなど、細かいことに気付く。
◉人や場所の外見上の小さな変化に気付く。

◉声のトーン、視線、あざ笑い、あるいはちょっとした励ましにも
気付く。

このように、些細なことにすぐ気付ける敏感さが大きな特徴です。大きなストレスを抱えていたり、何か悩みがあって落ち込み気味だったりすると、その症状が増してしまう方も少なくありません。

それ以外にも、次のようなことがあります。

◉相手の表情や声色、目線などの細かな変化に気付ける。
◉音に敏感で、他の人よりも音量をうるさく感じてしまう。
◉相手が何を思っているのかなんとなくわかる。

HSPってなぜ起こるの？

今現在、5人に1人はHSPと言われています。先ほど「HSPは病気ではなく、そういう気質です」とお伝えしましたが、これには脳内の神経回路が影響しているようです。要は脳内の神経回路がHSPを作っているのです。アーロン博士はとても細かく、より専門的な用語を沢山使って説明されていますが、ここではできるだけシンプルに説明させて頂きます。

私たち人間の脳には2つの神経回路があり、その2つのバランスがHSP特有の敏感さを作ると考えられています。その2つとは行動活性システムと行動抑制システムを指すのですが、本書では行動活性システムを「**わくわく回路**」、行動抑制システムを「**慎重回路**」と呼ばせて頂きます。

◈わくわく回路

名前のイメージのままの神経回路で、このシステムが活性化されると、新しいことにチャレンジしたくなる、大胆になる、好奇心に満ちてくる、といったような状態になります。

◈慎重回路

このシステムは、私たちにストップをかけてくれる引き留め役のような回路のことです。自分が置かれた状況を、過去や現在のこと、そして未来に起こるかもしれないことなど、全体と照らし合わせて自動的に比較し、何か新しい状況が生じた場合、それを理解するために行動しないように待機させる状態を作ります。

この2つの神経回路のバランスによって敏感さが作られている、と言われていることに加え、ＨＳＰの方はそうでない人に比べて、右脳のほうが左脳よりも活性化しているとも言われています。

ＨＳＰって遺伝するの？

遺伝するかどうかに関しては、正直なところどちらとも言えません。するとも言えるし、そうとも限らないという両方の面があります。

アーロン博士は、どの遺伝的特性も生活していくうちに変わると仰っています。人は育っていく環境から影響を受けるため、環境によっては敏感さが減少することもあります。ゆえに、その人が遺伝的なのかどうか、ということを示すのは難しいということです。

とても敏感に生まれついたとしても、育っていくなかで関わる人（家族・学校関係者・友人・周りの人）に影響されて、敏感さが表に出なくなることも大いにあります。遺伝するのかどうか、という点を心配される方もＨＳＰの方のなかにはいますが、この気質は病気ではありませんし、それに加えて、この気質との向き合い方やうまく付き合う方法は沢山あるので、心配することはないでしょう。

内向的なＨＳＰと外向的なＨＳＰ

実はＨＳＰと一言で言っても、全く同じという訳ではありません。ＨＳＰにも**内向的なタイプ**と**外向的なタイプ**があると言われています。

◈内向的なタイプの特徴

◉人嫌いではないものの、少人数での集まりが好き。
◉大きなパーティや集団を好まない。
◉1人で過ごす時間が長くても苦にならない。
◉一人遊びが上手。

◈外向的なタイプの特徴

◉広い交際範囲を持つ。
◉新しい出会いを好む。
◉社交的。
◉人見知りをしない。
◉人前でのスピーチにあまり抵抗がない。

このような違いがあり、ＨＳＰの70％が内向的なタイプ、30％が外向的なタイプと言われています。ちなみにアーロン博士は、「外向的なＨＳＰは、おそらく社交的で愛情深い大きな家族か安全な場所で育ったので、他者は恐れるものではなく、信頼できるものであると見なすようになったのだろう」と述べています。「もしくは、内向的でいることを認めてもらえないような家庭で育ったため、明るく活発でいることが求められ、外向性を身につけざるを得ないというような状況であったのかもしれない」とも言われています。

だからといって、外向的なＨＳＰの方もＨＳＰであることには変わりありません。むしろ外向的ゆえに、自分の限界よりも社交的であろうと努めてしまいやすいため、長時間の仕事をしたり、人混みのなかに長くいたりすることで刺激過多になり、疲れてしまうことがあります。

HSSという気質

ここでHSPとは別の気質のHSSについて触れておきたいと思います。

HSS（High Sensation Seeking）とは刺激追求型という気質のことです。心理学者のマービン・ズッカーマンが唱えた概念で、ものすごくシンプルな言葉でお伝えするなら、HSPとは真逆の気質です。一般的には、変化に富み新奇で複雑かつ激しい刺激や経験を求め、こういった経験を更に得るために肉体的、社会的、法的、経済的リスクを負うことを好む、そんなタイプだと言われています。

HSSチェックリスト

（エレイン・N・アーロンによる）

次の質問に感じたままお答えください。少しでも当てはまれば「はい」と答え、全く当てはまらないか、あまり当てはまらない場合は「いいえ」と答えてください。

1　安全ならば、奇妙な新しい体験ができるドラッグを服用してみたい。
【はい・いいえ】

2　会話によっては、とんでもなく退屈することがある。
【はい・いいえ】

3　好きだとわかっている場所にもう一度行くよりは、好きにならないかもしれないが新しい場所に行きたい。
【はい・いいえ】

4　スキー、ロッククライミング、サーフィンなど、スリルが味わえるスポーツをしてみたい。
【はい・いいえ】

5 長い間家にいると落ち着かなくなる。 【はい・いいえ】

6 することもなく待つのが嫌だ。 【はい・いいえ】

7 同じ映画を二度観ることはほとんどない。 【はい・いいえ】

8 不慣れなこと、未知なことを楽しめる。 【はい・いいえ】

9 普通でないものを見ると、とことん追求したくなる。 【はい・いいえ】

10 毎日同じ人と一緒にいると飽きる。 【はい・いいえ】

11 私が何をしでかすか予測がつかない、と友人たちは言う。 【はい・いいえ】

12　新しい分野を探るのが好きだ。【はい・いいえ】

13　日常的なルーティーン（日常の決まり事）を避けている。【はい・いいえ】

14　激しく心を揺さぶるアートに心惹かれる。【はい・いいえ】

15　高揚感を与えてくれる成分を摂取するのが好きだ。【はい・いいえ】

16　突発的な行動を取るような友人を好む。【はい・いいえ】

17　自分にとって目新しくて好奇心を刺激するような場所にいたいと思う。【はい・いいえ】

18　旅行にお金を使うなら、できるだけ知らない国が良い。
【はい・いいえ】

19　探検家になりたい。
【はい・いいえ】

20　周りがひきつり笑いをするような下ネタが出ると楽しいと思う。
【はい・いいえ】

【得点評価】

女性の場合、11個以上の質問に「はい」と答えたあなたはおそらくHSSでしょう。「はい」が8個から10個あればややHSS、「はい」が7個以下ならHSSでないかもしれません。

男性の場合、13個以上の質問に「はい」と答えたあなたはおそらくHSSでしょう。「はい」が10個から12個あればややHSS、「はい」が9個以下ならHSSでないかもしれません。

ＨＳＳの気質を持つＨＳＰ

ＨＳＰという気質を持っている人のなかにも、このＨＳＳを備えているというＨＳＰ＆ＨＳＳというタイプの方がいます。ちなみにそのタイプの方は人口の６％しかいないとも言われています。

このタイプは両方を兼ね備えているため、すぐに退屈する（ＨＳＳ要素）と同時に、環境の変化に圧倒されてしまう（ＨＳＰ要素）ということが起こります。他にも、新しい経験を求めるけれど、動揺したくないし危険を冒したくないと感じることがあったり、もっといろいろなことに手を出したい反面、やっぱり踏み出すのが怖いような…と、こんな風に葛藤に苦しんでしまうことがあります。ブレーキとアクセルを両方踏んでいるような気がしてしまうのもこのタイプの方にあることです。

それぞれのタイプのＨＳＰを知るうえで大切なこと

タイプ別にご説明させて頂きましたが、最近ではもっと細分化してＨＳＰを表しています。

ですが、これを読んでいるあなたに強くお願いしたいのは、内向的だとしても外向的だとしても、また、ＨＳＳの要素があるにせよないにせよ、ＨＳＰの特徴を持っていることに変わりがないのであれば、自分がどのタイプに当てはまっているのか？　ということにあまり重きを置かないということです。

どうしてもＨＳＰの方は、真面目で考えすぎという特徴があるため、「自分がどちらのタイプか」ということを重視しがちです。

どちらのタイプであったとしても、４つの特徴であるＤＯＥＳに当てはまるのであれば、ＨＳＰであることは確かです。それ以上細かなところまで考えてしまうと、「このタイプのように見えるけど、あのタイプにも当てはまるところがある…。私は実際、どのタイプなのか？」と考えすぎてわからなくなり、なぜＨＳＰを知りたいと思ったのか？　という本来のところから脱線してしまいかねません。

ＨＳＰを知りたいと思ったのは、そもそも自分を好きになりたいとか、もっと自分を知りたいから、ではなかったでしょうか？

自分のことを知るうえで、タイプに関してはあまり深く考えないことが、実はこの気質と仲良くなるコツです。タイプはあまり気にとめず、さらりとかわす感じで捉えて頂くほうが良いでしょう。

HSPの基本性質

ここで、HSPの基本性質とも言えることをいくつかご紹介したいと思います。DOESに絡めた内容で更に具体的に説明していきたいと思います。

◆些細な変化に敏感

DOESで言うところの「**S：些細な刺激を察知する（being aware of Subtle Stimuli）**」の部分に当てはまるのがこちらの特徴です。

HSPはそうでない人に比べると、いろいろな状況の変化に敏感です。

◉〇〇さんのメイクがいつもと違う。
◉〇〇のお店、前より少し味付けが変わった？
◉彼（彼女）、今日不機嫌？　何かあったのかな？

と、生活のなかで多方面に敏感さが発揮されます。

人付き合いの面でもこの敏感さは現れやすいため、気を回して気遣いや配慮を人一倍してしまい、１人になったときにすごくぐったりしてしまったり、なかには体調を崩す人もいます。

◈自分と相手の線引きが難しく、相手軸になりがち

ＨＳＰは共感力が高いことから、自分と相手の割り切りがうまくできなくなってしまうことがあります。

ＨＳＰの方によくあることですが、こちら側が相手に相談を持ちかけていたのに、話が進むにつれて次第に立場が逆転し、相手の相談に乗ってしまっていた、ということがあります。これもこの気質の特徴から、無意識に相手の軸に合わせてしまい、相手中心になった結果と言えるでしょう。

本人としては、自分軸を持とう！　という風に思っていたとしても、共感力の高さから相手軸に無意識のうちに影響されてしまい、自分軸のぶれに繋がって価値観が変わりやすくなってしまい、意見が変わってしまうこともあります。そのため、場合によっては「あの人は意見が変わりやすい」「自分を持っていない人だ」「一貫性がないように見える」とレッテルを貼られてしまい、本人もどうして良いかわからず傷付く方も少なくありません。

◆無意識に無理しがち

些細な変化に敏感なことから、あらゆる角度から物事を見ることに長けているＨＳＰですが、実は他人だけでなく自分自身にもベクトルが向くことがよくあります。しかも自己肯定感が低くなりがちなＨＳＰですので、自分の良さや特技ではなく自分に足りないところや自分に必要なもの、そういった一般的にネガティブと言われているようなことのほうに目が行ってしまい、自分で自分を追い込みやすくなりがちです。

仕事で期待をされている（されているように感じる）、もっと頑張らなきゃ、成果を出さなきゃ。親（もしくはパートナー）は私にこうなってほしいと言っている（もしくは感じる）、だから相手の期待に応えないと、もっと頑張らないと、など。

このように人の些細な仕草や言動、行動などに非常に敏感なため、相手からどう思われているかを気にしてしまい、その結果無理をしてしまうことがあります。

身体に症状が出ても頑張ってしまう人がいるのもＨＳＰの方ならでは、といったところでしょう。

◆直感が鋭い（相手が何を考えているのかなんとなくわかる）

「相手はこう思っているだろうなぁ」というなんとなくの推測が実は当たっていた、ということがＨＳＰにはよくあります。これは些細な変化に気付きやすいため、相手の少しの変化にも敏感に反応して気付けるから、ということもあるのですが、実はそれだけではないのです。

慎重回路の特徴も発揮されていて、過去に関することを頭のなかでスピーディーに思い起こし、今現在起こっていることと照らし合わせながら、「こういう反応をする人は過去に○○な状態だった」とか、「○○のような人はこういうタイプが多かった」など、今起こっている新しいことの未来予想を、過去のデータから自然と推測することに長けているから、ということも大きな理由の1つです。

加えて相手の気持ちを先回りして判断することもでき、気遣いや気配りがとても上手な方がＨＳＰの方にはとても多いのですが、この一面と直感が鋭くなる面が合わさってしまうことで、場合によっては、相手が考えることを重視して意見が言えなくなってしまったり、自分を抑え込んでしまう、という方も少なくありません。

◈五感が鋭い

ＨＳＰは触覚、味覚、聴覚、視覚、嗅覚と、とにかく五感が鋭いという特徴があります。人によって鋭さは様々だったりするので、同じＨＳＰの方でもにおいに敏感な人もいれば味覚に敏感な人もいたりします。

ちなみに、においに敏感な人でも、レベル1くらいの人もいればレベル10くらいの人もいるので、強さの程度も人それぞれ違うものだと認識してください。

そんな特徴から、他の人には感じないにおいに気付いたり、小さな物音でも自分には気になる音になったりするので、周りと比べたときに、自分だけが不快感を覚えてしまって居心地が悪くなり、1人になりたいと思うこともあるでしょう。

また他にも、素材が好みでない服は、身につけるだけで過剰なストレスを感じてしまうということもあるので、「身につける生地の素材はとても重視しています」と言う方もいます。

特にストレスが溜まっていたりすると、五感の鋭さがより増したりします。感覚的な部分なので人に理解してもらいにくく、神経質な人だと思われてしまうこともあります。ですが一方で、その敏感さゆえに、美味しい食べ物に出会ったときには人一倍うまみを感じることができたり、素晴らしい音楽も人一倍感覚を研ぎ澄ませて聴くことができるといった面もあります。

◆自分に自信をなくしやすい

ＨＳＰには自己肯定感が低くなりがちという特徴があり、「自分なんて足りないところが沢山あるし、私みたいな、私なんて」と思ってしまいがちな部分があります。相手に影響されやすく自分軸が保ちにくいから、ということも多少影響していると思いますが、外見でも内面でも自分に足りないところによく気付けてしまうため、余計に自分に自信をなくしてしまいやすいのです。

ＨＳＰの方のなかには、「すぐにくよくよしてしまう自分が嫌です。落ち込みやすいんです」と思っている方が多いのですが、実は気質の特徴から自己肯定感が低くなりやすくなっているだけ、という場合がよくあります。

第二章　ＨＳＰ気質との向き合い方

第二章　ＨＳＰ気質との向き合い方

ＨＳＰと向き合う４つのステップ

ＨＳＰという気質と仲良くするに当たって、ぜひ知っておいて頂きたい**４つのステップ**があります。もちろん人それぞれですから、全てを理解することは難しいという方もいるでしょう。またステップ１よりステップ３から試したほうが自分には合っている、という方もいるかもしれません。

４つの方法を順番にご紹介しますが、必ずしも順序良く進める必要はありません。自分自身が試しやすいことからトライしてみること、それこそがこの気質と向き合ううえでの大切なポイントです。言われたとおりに守ろうとする律儀な面があるＨＳＰですが、ぜひ心軽やかに読み進めてみてくださいね。

【ステップ１】自分を知る

◈ＨＳＰの特徴を理解する

第一章でお話しした内容を読んで頂くと、ＨＳＰとはこういう気質なんだ、こういう感じなんだな、ということがわかってもらえたかと思います。

何度も言いますが、ＨＳＰという気質はその人が生まれ持ったものの一部のようなものです。そのため、同じＨＳＰ同士だとしても人それぞれ性格は違うので、人見知りの人もいれば、社交的で初対面の人ともすぐに仲良くできる人がいるなど、様々な人がいるのは当然のことなのです。

人の個性というのは**「気質＋性格＝その人」**というような形で作り上げられていきます。そのなかでＨＳＰかどうかの一番の鍵は、第一章で説明した気質のコアとなるＤＯＥＳに当てはまっているかどうか、ということなのです。

◆ＨＳＰの人が気になるワード

敏感で繊細、感受性が豊かなＨＳＰには、気になる、なぜか引っかかる、その言葉を聞くとざわざわした気持ちになる、といった、とにかくプラスな気持ちにはなれないワードというものが存在します。ＨＳＰでない人からすると、「え？　そんな言葉が気になるの？」とか「そんなの気にしていたらやっていけないよ」などと言われそうな言葉。

それはどんな言葉かと言いますと、

◉考えすぎ
◉気にしすぎ
◉神経質
◉面倒くさい
◉無理しすぎ
◉いつまでもくよくよしすぎ
◉まだ落ち込んでいるの？

というような言葉です。

どうでしょうか？　この言葉を聞くと、悲しい気持ちになったり、ざわざわした気持ちになるでしょうか。これらの言葉に対して、直接言われなくても、文字を見るだけでも悲しくなったり辛い気持ちになってしまうＨＳＰはとても多いのです。

第一章でお伝えしたとおり、ＨＳＰは深く処理するという特徴を持っています。今挙げたような言葉に対して、相手はなぜこのような言葉を私に投げかけたのだろう？　相手は私がダメだからそのように言っているのかな？　相手がなぜこの言葉を発したのかが気になる、というように考えてしまう傾向があります。

深く考え事をする人よりも、細かいことは気にしない人、いつまでも引きずらない人が、どうしても一般的にプラスに捉えられがちです。なので、その真逆に当たるような気質を持っているＨＳＰからすると、何か悪いことをしている訳でもなくＨＳＰの気質がダメな訳でもないのに、世の中でプラスイメージを持たれているタイプのキャラクターでない自分は、マイナス評価をされているような気持ちになってしまうのです。だからその言葉に過剰反応してしまう、ということが起こります。

それゆえ、ＨＳＰでない人からするとなんてことはない言葉に対しても反応してしまいます。気にしないようにしよう、心にとめずに流そうと思っても、自分が思っている以上の、もっともっと無意識の部分で既に深く処理してしまっているので、意識の範囲で捉えることが非常に難しいのです。

加えて、ＨＳＰの方は自分を責めて自己肯定感を下げてしまいがちなので、「私が悪いからこんな言葉を言われてしまうんだ」とか「私がダメだからだ」と考えてしまい、先ほどお伝えしたような言葉を、全て自分を責める言葉として繋げてしまいがちです。

そうした結果、相手としては励まそうと思って言った言葉だとしても、本人はプラスワードとして受け止め切れないため、「私がダメだから、それに見合う扱いの言葉を投げかけられているに違いない」とか、「相手は私のことをマイナスに捉えているんだ」といったような解釈になってしまい、人間関係に誤解が生じてしまうというケースもあります。

また、その人自身がダメな訳でもないし何かをした訳でもない、だからといって、相手が特別その人に対して酷い態度を取った訳でもない。でもその人自身の自己肯定感が下がっていることが日常的に「当たり前化」してしまっているがゆえに、相手が先ほどお伝えしたような気になるワードを投げかけてしまったことで、イコールあの人は嫌な人、自分のことを嫌っている人、と決めつけて相手を見てしまう方もいます。

しまいには慢性的に、「どうせ私なんて」と初めから自分を下げた形で捉えるようになるため、何を言われても否定されているようにしか捉えられない、という方も少なくありません。

だからといって勘違いしてほしくないのですが、そんな風に感じてしまうあなたはダメだという訳ではけしてありません。この言葉に対して過剰反応してしまうのは、もともとの気質に加えて「思い癖」がマイナスに走りがちだから、ということも大いにありますし、人には考え方の癖というものがあるので、今までネガティブに捉えてしまっているからプラスに捉え切れない、ということも十分あり得るからです。

本やブログを読んだりして前向きになる努力をしているけれど、前向きになんてなれないし、また元に戻ってしまう、という方がいますが、それは当たり前の話で、ネガティブに思っていた期間が前向きでいる期間よりも長いのに、その期間よりも短い期間で前向きになるなんて不可能な話なのです。言うならばダイエットと同じで、長年太る生活をしていた人が短期間の運動で痩せることは無理なのと一緒です。仮に短期間で痩せることができたとしても、それは実際に痩せたのではなく一時的なもので、リバウンドと同じこと。考え方もそれと全く同じです。落ちた体重が元に戻りやすいのと同じ発想です。

ですから、私はやっぱりダメなんだとか、私にはこの気質を良い方向に捉えて前を向くことなんて無理なんだ、とか絶対に気落ちしないでほしいと思います。前向きになれるときは必ず来ます。あなたがネガティブに捉えてしまったからといって、あなたがダメな訳ではありません。あなたは今までプラスに捉える方法がわからなかったり、この気質を持っている自分自身とどう折り合いをつけて、どう向き合えば良いのかわからなかっただけなのです。

それでも自分なりに模索し、考え、頑張ってきたという方もいることでしょう。いずれにしても、まずは自分を知ることです。自分がこのワードに対してどんな思いを持っているのか？　ということを知ることは、ＨＳＰと仲良くするうえでとても大切なことです。

本書ではＨＳＰに関する内容を沢山お伝えしています。この本を読み終わる頃には、今まで以上に自分のことを知り、この気質をきちんと理解し、ご自身なりの付き合い方のコツをつかむことができるはずです。

◈ＨＳＰという名前にとらわれないようにする

ＨＳＰへの理解を深めていくと、全くこの気質を知らなかった頃と比べて知識も豊富になり、自分への理解を示していくことが楽しくなってくる方もいるでしょう。今までいろいろと悩んできたけれど、自分がダメとかではなく気質からくることだったのかと、胸をなで下ろす方もいるのではないでしょうか。
そんな風に理解を深めていくと、ＨＳＰを知らなかった頃に比べ、あらゆるところでＨＳＰに関する情報を目にする機会が増えてきます。本やブログ、ＳＮＳなど、今は驚くほど簡単に情報を手に入れることができる時代です。あなたがその気にさえなれば、本書以外でもこの気質について学ぶこと、理解することは容易です。

そうしていくと、真面目な方が多いＨＳＰのなかにはこんな風に感じる人が出てきます。

・「ＨＳＰは○○な特徴がある」と書いてあるけれど、その部分は自分には当てはまっていない気がする…。私って本当にＨＳＰなの？

・同じＨＳＰでもいろいろなタイプがあるけど…結局私はどのタイプなの？

このように、どうしてもステレオタイプになりがちな日本人にとっては、自分がそこに当てはまっていない気がすると、じゃあ自分はどこに属しているのか？　自分がいる場所はどこなのか？　と不安になり、もっともっとと、知識をインプットすることばかりにフォーカスして、最終的には何がなんだかわからなくなり、自分らしさを見つけることに迷い込んでしまいます。

前にも言いましたが、人というのは**「気質＋性格＝その人」**です。ですから、ＨＳＰの情報と自分は違うと感じたとしても、性格は人それぞれですから、それは不思議なことでもなんでもありませんし、あなただけがおかしいとか変わっているとか、そんなこともありません。

何度も言いますが、大切なのはＨＳＰの４つの特徴であるＤＯＥＳです。これにさえ当てはまっていれば、それ以外が違うとしても気にすることはないのです。

言うならば血液型占いや星座占いと同じこと。同じＯ型さんでも、よく言われているＯ型さんの要素に当てはまっていない人だっています。なかには、一般的に言われているようなＡ型気質満載なＯ型さんもいますが、だからといってその人がＯ型であることには間違いないのです。それと同じで、ＨＳＰのＤＯＥＳに当てはまることがあるのであれば、それ以外に当てはまらないことがあったとしても気にする必要はありません。

ＨＳＰという気質にこだわりすぎるあまりに、あなたらしさを欠いてしまうことがあるのであれば、あまりこの気質にこだわらず、自分は自分だと胸を張って過ごすほうが賢明でしょう。そのほうが確実にあなたは輝けますし、自分のことを知ることができ、もっと自分を好きになれると思います。「**この気質にこだわりすぎないこと**」。ＨＳＰを知るうえで落ち込みそうになったり、悲しい気持ちになったときは、ぜひこの言葉を思い出してみてください。

【ステップ2】リフレーミングで自分を更に好きになる

◆リフレーミングとは？

ステップ1を経て、次にあなたにトライしてほしいこと。それが「**リフレーミング**」です。

ちなみにステップ1がうまくできなくても心配いりません。ステップ1が難しかったとしてもあまり細かいことは気にせずに、さくっと気持ちを切り替えてステップ2を試してみても大丈夫です。ステップ2を試したことでステップ1ができるようになった、という方もいるので安心してくださいね。

リフレーミング（reframing）とは、シンプルにお伝えすると「捉え直し」のことです。ある枠組み（フレーム）で捉えている物事を違う枠組みで見てみよう、ということです。もっとわかりやすくお伝えすると、ご自身の物の見方や感じ方、捉え方をもっとプラスの方向に変えて捉え直していこう、という技法のことです。

そんなことを言われても、この気質をうまく捉えること自体まだ難しいとか、そもそもどうやってこの気質と仲良く付き合っていけば良いかわからないという方もいるでしょう。でもそれも心配することはありません。きっと今まで、「ＨＳＰをプラスに捉えるフレームから見る世界」をただ知らなかっただけなのですから。

リフレーミングをきちんと行うことは、「ＨＳＰをプラスに捉えるフレーム」をゲットして、もっとこの気質と上手に向き合うことができるようになる道筋に繋がります。とても大切な技法なので、ぜひしっかり読んで頂きたいと思います。

◆リフレーミングの2つの基本

リフレーミングをわかりやすく説明するための、よくある例え話の１つに、コップに水が半分しか入っていないと思うのか、それとも、コップに水が半分も入っていると捉えるのか、その考え方の違いが大きな変化をもたらす、というものがあります。

事実、コップに水が半分も入っているという捉え方で物事を見るということは、あなた自身に心の余裕や自分への自信、安心感やリラックスした状態を生み出すことができます。

その「半分も」という考え方に近づけるには、２つのリフレーミングの基礎を押さえることが大きなポイントとなります。

◆状況のリフレーミング

状況のリフレーミングとは、状況を変えて気質の良さを活かそうということ。要は、**気質自体を変えるのではなくその気質を活かせる状況に自分を置こう**、ということです。

気質を変えるというのは、正直に申し上げますが大変難しいことです。ほぼ不可能に近いです。バラはバラ、タンポポはタンポポでしかいられないのと同じです。細かな配慮が必要なバラが、人通りが多く厳しい環境の下でも根強く育ちやすいタンポポの場所を求めて、そこに行ってしまったとすると、そのバラは枯れてしまうでしょう。

お花だけでなく、私たち人間にもその気質に適した状況、環境というものが必ず存在しています。

自分らしさとは違った場所に身を置くということは、自分の良さを出す機会をなくしてしまうだけでなく、無理をした自分で過ごす時間が長くなってしまうということになりかねません。そんな状態になると、ますますマイナス効果が働き、自分のことを好きでいることが難しくなってしまいます。

自分という人を知ること、そしてそんな自分に合う場所を見極めていくということは、非常に大切なことなのです。

例えば第一章で、些細な間違いにも強く反応してしまうことから、他人のストレスによく気付けてしまうという面がＨＳＰの特徴のなかにあります、とお伝えしました。その特徴から、人間関係が細かく見えてしまい、いろんな人の感情が伝わってきて辛い、ネガティブな人のそばにいると自分までしんどくなってしまう、という方はHSPには非常に多いです。

ではそんなとき、どのようにリフレーミングすると良いのか？

今お伝えした状況を別の角度で捉えて気質の良さを活かすとすると、こうなります。

◉些細な間違いにも強く反応してしまう。

↓**些細なことに気付ける面が必要とされる場所（仕事や趣味など）を探して、その環境に自分を置いてみる。**

◉人間関係が細かく見えてしまい、人のいろんな感情が伝わってくる。

→気付きやすい、という面が必要な場所に自分を置いてみる。もしくは、あえて１人でできる仕事や自分のペースでこなせる仕事に取り組んでみる。

このように、ＨＳＰの特徴をネガティブな側面で見るのではなく、気質をより一層活かせるような場所や、自身が心地良く過ごせるような場所を見つけて、そこに自分の居場所を作っていくというのは、この気質と仲良くするためにすごく必要な方法です。

今お伝えしたのはほんの一例ですが、このように状況を変えるだけで、気質はそのままであるにもかかわらず気質の良さを沢山発揮できるようになり、自分を好きになれる方向に繋げることができる訳です。

◆意味（内容）のリフレーミング

次に意味（内容）のリフレーミングについて説明したいと思います。このリフレーミング方法は、状況のリフレーミングのように自分に合う場所を見極めるということではなく、**今起こっているこのことには他にどんなプラス要素があるのだろう？　どんな良いことがあるのだろう？**　というような、極端に言うとポジティブ解釈で全ての物事を良い方向に捉えてみよう、という方法です。わかりやすくいくつか例を挙げて説明してみましょう。

◉仕事で大きなミスをしてしまった。
↓このミスがあったおかげで、また１つ成長させてもらえる機会に恵まれた。

◉好きな人に振られてしまった。

↓きっともっと良い人が現れるから、今の恋愛がダメになった。

◉嫌なことがあった。

↓そのおかげで、自分に足りないものについて考えさせられる機会をもらえた。

◉遅刻してしまった。

↓そのおかげで、自分の生活リズムを見直す機会をもらえた。

このように「起こって良かった」というおめでたい発想で物事を捉えていく訳です。もちろんこの方法には慣れが必要になってくるので、すぐにこのような捉え方をするのは難しいという方もいるでしょう。そんな場合にお薦めなのが、「**おかげさま精神**」で物事を捉えるという方法です。

◆「おかげさま精神」でプラス解釈を手に入れよう

どんなことにおいても「**〇〇のおかげで、〇〇のおかげさまで**」と捉えてみてください。初めは難しいかもしれません。なんでも前向きに捉えることができれば苦労はしない、という方もいるかもしれませんね。

もしこれを読んでいるあなたが、この気質と向き合って自分を好きになりたいのであれば、今後の人生をより良くする貴重な機会だと思って、ぜひこの方法を取得してみてほしいのです。

「**おかげさま精神**」で捉えることで、必ずあなたの日々はプラスの方向に動いていくでしょう。まずは小さなことから試してみてください。きっとできるようになります。

◈リフレーミングワード集

状況のリフレーミングと意味（内容）のリフレーミング、この2つの方法をお伝えしましたが、いかがだったでしょうか。なかには考えすぎてしまい難しく感じてしまう方もいるかもしれません。ぜひそんなときに活用して頂きたい**リフレーミングワード**を集めてみました。ご自身を前向きに捉えていくヒントの1つとしてぜひ活かしてみてください。

◉考えすぎ↓**慎重**

◉口下手↓**聞き上手**

◉こだわりがない
↓**状況に合わせて対応できる、周りに合わせる適応能力が高い**

◉消極的↓**控えめ**

◉心配しすぎ↓**慎重**

◉真面目すぎる→**誠実**
◉おとなしい→**穏やか**
◉落ち込みやすい→**真面目に考える**
◉人付き合いが下手→**思慮深い**
◉人に合わせがち、周りの目ばかり気にしてしまう→**協調性がある**
◉意見が言えない→**争いが苦手、平和主義**
◉気が弱い→**周りを大切にできる**
◉断れない→**相手を尊重できる**
◉優柔不断→**ゆっくり物事を考える**

【ステップ3】自分を癒やしてあげよう

ＨＳＰの大半の方が自分を休ませることが苦手と感じています。律儀で完壁主義なところがあるので、仕事が細かなところまで終わらないと、リラックスしたり楽しんだりすることができなくなってしまうのです。

加えて、常にいろんなことを考えてしまうので頭のなかが忙しくなりやすいだけでなく、自分よりも周りの人や物事を優先してしまい、自分を後回しにしてしまいがちなので、癒やしてあげるどころか疲れが溜まる一方、という方も少なくありません。

自分を優先すること、イコールわがままで自分勝手。そんなイメージを持ちやすいため、自分のことを優先して何かをすることに抵抗を感じてしまい、無意識に相手優先になり、周りに合わせて自分を押し殺してしまうことが日常化している方もいます。

そんなＨＳＰだからこそ、自分を癒やしてあげるということは、自己肯定感を上げるためにも大切なことです。ぜひステップ３の方法を、ご自身を癒やしてあげる方法の１つとして活用してください。

◆ダウンタイムを設ける

第一章で、ダウンタイムとは**「自分の本質に戻る時間」**と簡単にお伝えしましたが、このダウンタイムを設けることがＨＳＰには非常に重要なポイントとなってきます。この時間を設けるということは、自分らしくいられる、素の自分に戻れる、リラックスできる、そんな心地の良い時間を過ごすという意味合いと全く同じだからです。

もちろん人によって過ごし方は様々です。音楽を聴く。自然のなかに身を置く。ゆっくりお風呂に入る。誰にも邪魔されず読書をする。何をする訳でもなく一人時間を堪能する。映画鑑賞をする。瞑想する。などなど。とにかく「誰にも邪魔されず、誰にも気を遣わず、自分のペースで」というところが大きな共通点と言えるでしょう。

どうしても周りの状態に影響されやすく、かつ刺激過多になりやすいＨＳＰにとって、自分だけの空間や自分だけの時間の流れのなかに身を置くということは、いったん過敏になった神経を落ち着かせ、心を穏やかにするためにとても大事なことです。むしろこの時間がないと、どんどん神経をすり減らして自分らしさを取り戻すのが難しくなり、しまいには自分の良さをなくすことに繋がりかねません。

何か特別なことをするからそうなるのではなく、普段の日常生活を送るうえでよくあるような出来事でも、ＨＳＰにとっては疲れてしまうことがあります。

◉仕事で1日中いろんな人と顔を合わせた。
◉いろんな人とコミュニケーションを取ることが多かった。
◉人混みのなかにいた。
◉騒がしいところにいた。

◉怒鳴り声が聞こえるところにいた。
◉ネガティブな人のそばにいた。
◉初めての場所を訪れた。
◉初めましての人と会話をすることがあった。

これらはほんの数例ですが、このような出来事は、ＨＳＰにとってはかなりストレスを抱える原因となるため、１日の終わりには疲れがどっと出てしまい、誰にも会いたくないと感じたり、誰とも話したくない、とにかく１人で過ごさせてほしいという気持ちになったりすることがあります。

無意識にいろいろなことを敏感にキャッチして刺激を受けているため、自分で気付いたときには疲れが溜まっていて、ぐったりしてしまうのです。

この気質でない人にとってもダウンタイムは大切な時間であるとは思いますが、ＨＳＰにとってはそうでない人以上にこの時間が必要なのです。ＨＳ

Ｐでない人からすると驚くかもしれませんが、たった5分でも良いから1人で過ごすだけで、この気質を持つ人にとっては最高の時間となって過敏になった神経を休ませ、気持ちの高ぶりを抑えることができ、リラックスすることができるのです。

◈自分を責めない

ＨＳＰという気質を知る前、なぜ自分はこんな風に考えてしまうのだろうとか、自分は本当にダメだ、自分なんて…などと、自分を責めてしまい、どんどん自信をなくしてしまう方はとても多いです。

昔と違い個性を大切にする時代になり、いろんな考え方や気質を持っている方に対する許容範囲も広がったとはいえ、繊細で敏感な気質を持つＨＳＰに対して、「あなたが弱いからだ」「強くなったほうが良い」「くよくよするな」と批判的に見る人が、まだまだ現状として存在しているのは確かです。

そんな背景もあるため、自分は人と違うのかもしれない、自分が強くないからいけないんだ、もっと頑張らないと、とベクトルを全て自分に向けて自分を責めてしまう。そんな悪循環が起こりやすいのもＨＳＰにはよくあること。

ですが、この気質は神様からのプレゼントのようなものです。自身を否定する時間が長いなかで過ごしてきた人はすぐにはそう思えないかもしれませんが、**ＨＳＰという気質だからこその良さというものは沢山あります**。プラスな面は沢山存在するのです。辛いことが沢山あるように見えるかもしれませんが、リフレーミングの技法のように見方を変えるだけで、この気質の素晴らしい面が山ほど出てきます。

この気質を持った自分を責めないということを別の言い方で表すとするなら、**ありのままを受け止める**ということです。このありのままを受け止めるというのは、時に大きな意味を持つことがあります。前にもお伝えしたように、気質を変えることは難しいことであり、正直変える必要のないものだったりします。

それにＨＳＰという気質を差し引いたとしても、自分という人を自分が否定してしまうのはとてももったいないことです。この世にあなたという人間はあなたしかいないのです。自分を責めそうになったら、こんな自分でもありなんだ、こんな自分がいても良い。と認めてあげることです。

何度でも言います。あなたという人はあなたしかいないのですから。自分を責めるのは今日で終わりにしましょう。すぐに変わろうと焦る必要はありません。少しずつ少しずつ。まずは自分を責めない、ということから始めてみることも大きな一歩ですよ。

◆自分の身体を大切にする

身体に多少無理をさせても頑張ってしまうことが多いこの気質。仕事でも家族のことでも、人間関係においても、そして自分自身においてもですが、まだもう少し頑張れそうとか、努力が足りないのかもしれないとか、自分自身を追い込んでしまうことがよくあります。

本当はもう十分に頑張っているのに、まだまだできると思うことで身体にも心にも無理をさせてしまうのです。時には、そこまで無理をしているというこことに自分自身でも気付くことができず、倒れてしまったり、病院のお世話になってしまうことがある、なんて方もいます。

少しでも身体がしんどいと感じることがあったり、頭痛や吐き気、めまいやだるさなど、とにかく何かしらの症状が出たときは、自分の身体がサインを出しているということです。身体の声を聞いてあげることは、自分を癒やしてあげることに繋がります。
身体を大切にすることをおろそかにせず、自分の身体を見つめてみるということをぜひ心がけてみてください。

頭ではわかっていても、なかには日々の忙しさから、そんな時間を確保するのは難しいという方もいることでしょう。そんな方はぜひ自然に触れることをしてみてください。ＨＳＰは自然に触れることで癒やされるとも言われています。ゆっくり散歩をする。水辺でほっと一息ついて過ごす。緑が多いところで休憩を取る。心地良い風に当たる。そんな風に自然のなかに身を置くことでリラックス効果を得ることができるでしょう。自身の生活リズムのなかで取り込みやすい形で試してみてくださいね。

【ステップ4】周りとのバランス力を身につけよう

ＨＳＰの提唱者でもあるアーロン博士も仰っていることですが、ＨＳＰは外の世界に関わりを持ちすぎたり持たなすぎたりせず、**バランスを取ることを学んだほうが良い**とされています。

ＨＳＰはどちらかというと、０か１００か、白か黒かと、極端に物事を捉えがちな一面があるので、考え方が偏ってしまったり、場合によっては自分の心の内にこもってしまったりと、アンバランスな状態になることがよくあるのです。

ですが極端に捉えるのではなく、グレーゾーンと言われているような、白に近い黒、黒寄りの白、といった極端ではないゾーンでの考え方を身につけることで、ＨＳＰでない人たちと社会でうまくやっていけるようになることが、より充実した日々を過ごせることに繋がります。

ＨＳＰでない人とは接するのがもう嫌だ、こもっていたいという方や、人間関係は疲れるし面倒だから、できるだけ限られたなかで過ごしていきたいと思う方もいるかもしれません。ですがその考えは実にもったいない発想です。

この気質の良さを知り、この気質と仲良くできる術を知れば、ＨＳＰでない人がいる世界でも自分を保ちながら過ごすことができます。けして社会はあなたが思っているような怖い世界ではないのですよ。

◈「すべき思考」になりがちなＨＳＰ

ＨＳＰはどうしても「○○**すべき**」という考え方になりやすい一面があります。マイルールに執着しがちとも言えるこの「すべき思考」。仕事だけでなく、プライベートなことでも、日常の些細なことでも、すべき思考で物事を捉えてしまいます。

例えば、毎朝の日課でウォーキングをしているとしましょう。私たちはロボットではなく生身の人間ですので、疲れが溜まっていて身体がだるい、風邪気味で熱っぽいときなど、体調にも変化があって当然ですよね。しかし毎日の日課だからというマイルールがあるので無理をしてウォーキングに励んでしまう。そんな方がＨＳＰには多いのです。

また、自分のなかで今日は○○を終わらせる、と目標を決めたから、その○○が思いのほか時間がかかってしまったとしても、何がなんでも今日中に終わらせようと頑張りすぎてしまう、ということが起きてしまうのも、ＨＳＰによく見られることの１つです。このように、自分で決めたマイルールに縛られてしまい疲れてしまうようなことは、ＨＳＰにとって別に珍しいことでもなんでもなく、ごくごく日常的なことなのです。

◈「すべき思考」と仲良くなろう

私自身もＨＳＰですので、何度か今までに、このすべき思考をなくそう！　そしてより生きやすい日々を手に入れよう！　そう意気込んだことがあります。ですが正直なところ、このすべき思考をなくす方法を見つける、すべき思考をなくす、というのは不可能に近いです。この考え方をしやすいことも気質の特徴の１つですので、なくすと言うよりもうまく付き合う、というのが得策と言えます。

それに、どんなにすべき思考をやめようと思ったとしても、事実このすべき思考で生じたプラス体験も自身のなかに存在しているわけで、すべき思考をやめるということは、今までの自分の成功パターンを消し去り、また一から新たな形を作る方向に持っていかなければならない、ということになります。

その作業のほうが労力としても大きく、自分自身への負荷は大きくなってしまうでしょう（それこそ冒頭で述べたような、すべき思考をなくすという考え方自体に、０か１００か、白か黒かになりやすい極端なＨＳＰらしさが全面的に出ているとも言えます）。

それにあなた自身、場合によってはこの考え方の自分が好きだと感じることもありませんか？　もしイエスであれば、やはりすべき思考をなくすのではなく、この思考と仲良く付き合っていくことをお薦めします。

すべき思考とうまく付き合うというのは、言うならば曖昧さを受け入れる、ということに繋がります。もし「○○しなきゃ」と思ったときには「すべき思考になっている」のをやめよう」ではなく、「今、すべき思考になっている」という単なる事実をまず見つめてみてください。

人は事実と解釈が異なるとバランスを崩します。

先ほどの例えで言うと、毎朝の日課のウォーキングをしている人が、まだ今日はしていないという事実があるとします。すべき思考の人は、ウォーキングをしていないという事実から、1日でもさぼると健康に良くないかもしれないから何がなんでもウォーキングしなきゃとか、1日でもさぼったらダイエットに失敗してしまうからやらなきゃとか、そんな風に考えてしまいがちです。

確かに毎日続けるということはとても素晴らしいことですし、良いことかもしれません。ですが1日さぼったからといって、支障をきたすほど大きく健康に影響するでしょうか？　1日ウォーキングをやめるだけでダイエットに失敗するでしょうか。

本当に健康やダイエットに大切なのは、たった1日ウォーキングをしなかったということとは別の部分ではないでしょうか。

人の解釈にはその人の捉え方や考え方が含まれているものです。いわば自身の価値観のものさしのようなもの。ですから、場合によっては事実とはまるでかけ離れたような解釈になってしまうことが起こりうるのです。

それに、人それぞれその解釈は異なるものですので、世の中にはあなたが思っている解釈とは全く別の解釈をしながら、同じような事実と上手に付き合っている、という人もいるのです。

すべき思考とうまく付き合うためにも「今、自分はすべき思考になっている」という事実をまずは認めること。それによって、事実と自身の解釈を切り離して捉えやすくなります。切り離して捉えることは、自分軸を保つためにもとても有効な方法です。

もしあなたが切り離して考えることができるようになったとき、少しレベルアップした方法ですが、ぜひ「**○○したほうが良いかな**」「**○○できたほうが良いかな**」のような捉え方を意識してみてください。これはすなわち、0

か100かの極端な思考から曖昧さを受け入れる考え方に変化するということです。

そしてそれこそが、すべき思考とうまく付き合う、ということに繋がっていくのです。

◆優先順位を見失いがち？

他人の影響を受けやすく、そして自分と他人との間に線を引くことがあまり得意ではないＨＳＰは、本当は自分のなかでは○○したいと思っていても、○○より△△が良いよ、と相手から（場合によっては言葉巧みに）言われると「そうかもしれない」と意見が変わり、もともと重きを置いていたものが簡単に変化してしまうことがあります。

他にも、あれもこれもと、あらゆることに同じ力で頑張ろうとしやすいＨＳＰであるがゆえに、力の抜き方がよくわからず全てに全力投球してしまい、何を優先的に考えたら良いのか？　何から取り組むべきか？　何が自分にとって良いのか？　と考えすぎて、わからなくなってしまうということもあります。

そんなＨＳＰだからこそ、**本当に自分が大切にしたいものは何か？　ということを常に意識する**ということは非常に大切なことです。

人に言われたからそう思うのか、あるいは自分の本音なのか、という「どちらが発生源なのか？」ということを見極めるのです。そして「自分が大切にしたいものの優先順位」を決める必要があります。

実はまだ自分としてはそこまで本気で思っていないのに、よく言われる「適齢期だから」「この時期に〇〇をするのが一般的だから」という理由でその選択をしようと思っていませんか？　本当は〇〇が良いと思っているのに、常識的に見たときに△△にしたほうが良いと思い、心の声を無視して△△を選んでいませんか？　そばにいる親、家族、パートナーの意見がAだからといって、Bを考えている自分を無視して、自分もAが大事だと言い聞かせていることはありませんか？

物事が正しいかどうかは、周りが決めるのではなく自分が決めることです。誰かが「間違っている」と言ったとしても、あなたにとってそれが間違っているかどうかは、あなた自身が決めることなのです。もう一度言います。**正しさの基準はあなた自身が持っていて、正しいかどうかは誰かが決めるのではなく、あなた自身が決めていくこと**なのです。

そのためにも、自分自身に問いかけてみたり、見つめ直すという作業を定期的に行って、自分の優先順位を明確にすることを心がけるというのは、とても大事なことです。しかもそれは、自分を知るということに繋がる大事な意味合いを持っています。

◆自分のなかの優先順位を決めよう

もちろんＨＳＰだけでなく、人は優先順位を間違えると物事がうまくはかどらなくなる傾向があります。仕事でも自分自身のことでも、人間関係でも、あらゆる面で起こりうることだと言えるでしょう。何を大切にしたいのか？　どうすべきか？　の順番を間違えると、自分のなかでのバランスを崩してしまい、うまくいくことであっても、うまくいかなくなってしまったりするものです。

また、その優先順位というのは常に同じである訳ではありません。環境や状況など、時と場合に応じて変化していきます。１番と２番が入れ替わることもあれば、５番にあったものが一気に１番にランクアップしたりすることも起きてきます。

例えば、今まで仕事を優先順位の１番に置いてきたけれど、結婚や出産を機に仕事を1番に考えるということはどうしても難しくなってしまったとか、あるとき突然身体を壊して病気になってしまったことで、健康ということがその人のなかで一気に1番にランクアップしてくるということもあります。

また、今まで結婚なんて思いもしなかったけれど、年を重ねていくごとに気持ちに変化が生まれてきて、結婚というキーワードが年々ランクアップしてきた、など。このように常に変化している訳です。

◈価値観を見つめる

じゃあ、どうやって自分の優先順位を決めるのか？　ということで悩む方もいるでしょう。優先順位を決めるというのは「自分の価値観の見直し」に繋がります。自分の人生で、自分は何を大切にしたいのか？　今現在、何に重きを置いて日々を過ごしたいのか？　ということは、あなた自身の価値観を示す大きな指標になります。ですから人によって1番が違って当然ですし、数年前と今とでは順位が変わることもあり得ます。また項目そのものが昔と今とでは大きく変化していることもあるでしょう。それくらい人の価値観は変化を伴うものなのです。よって順位決めも人それぞれ違って当たり前なのです。

何よりも家族が1番、そしてその次に健康、3番目に仕事、という順位になっている人もいるでしょう。はたまた、独身で結婚願望が強いので1番が結婚、2番が旅行、3番が友達、という人だっています。他にも1番が勉強や部活などの学校、2番が友達、3番が恋人、という人だっている訳です。それくらい、その人の環境や状況に応じて順位は様々ということなのです。

今の自分が何に重きを置いているのか？　自分が何を大切にしたいのか？　自分が好きなことは？　自分が欲しいものは何か？　について、「人と比べるのではなく」、自分の心の声に耳を傾けて今一度自分と対話してみてください。その対話こそが、自分の価値観、そして優先順位を決めていくのです。

◆日常のことから優先順位を決めてみよう

とはいえ、優先順位を決めるに当たり、カテゴリが大きいとなかなか難しいという方もいるでしょう。そんな方はぜひ、日常のことから優先順位を決めてみる練習をしてみてください。

例えば仕事における「**やることリスト**」。仕事においてやるべき事柄がいくつかあるなかで何から手をつけるのか？　ということをきちんと決めるところから取り組んでみる。他にもご飯とお風呂どちらを先にするか？　食器洗いと洗濯どちらからしようか？　と、こんなシンプルな選択をするということから始めてみるのです。

どうしてもＨＳＰの方は、○○をしようと決めていたとしても、効率を良くしようと意識しすぎるあまり選択に迷ってしまったり、周りの人のことを

第二章

意識しすぎてしまい頭のなかでぐるぐる考えてしまったり、はたまた○○をしようと思うと同時に他のことを思いついたりします。状況によっては、やるべきこと、やりたかったことが視界に入ってしまうと、やっぱり××からしたほうが良いのかもしれない、いや、でも△△からしたほうが良いかな？と考えることが先行してしまいます。結果、頭のなかだけが忙しくなり、日々の出来事すら優先順位を決めることが難しく、何もしていないうちから疲れを感じてしまう、なんてこともあります。

小さなことが決められないと、大きなことを決めるのはもっと難しいでしょう。まずは日常の小さなことから決めることで、感覚を慣らしていきましょう。そうすることで、大きなカテゴリにおいての優先順位決めも、方法は小さなことのそれとなんら変わりはありませんので、意識しないうちに決まっていたりします。このように、レベルアップした自分に変化できるようになります。

◈○○したいという気持ちを大切に

自分の意志を持っていたとしても、他人軸に影響されやすい素直な方が多いＨＳＰは、時に「自分がどうありたいか、どうしたいか」といったことよりも、「どうすべきか」という世間一般で言われている基準や、大切な人が良いと言っている価値観、ステレオタイプの正しさにばかりフォーカスしてしまう傾向があります。

どうしても他人軸に影響されることにより、Ａが良いと思っていたけれど多数派はＢを選んでいたから、Ｂが正しいのかもしれないし、Ｂを選ぶべきなのではないかとか、大切な人や近しい人（家族やパートナー、友人など）が「○○にしたほうが良いよ」「○○のほうがあなたらしいよ」という風に言っているなら、自分は○○を選ぶべきかもしれない、というように考えてしまうのです。

本当は自分自身に考えることや感じることがあったとしても、今のようなことがあると、自分自身で導いた答えに自信をなくしてしまったり、自分の意見を選ぶことは相手に失礼なのでは？　相手に申し訳ないし…と周りにばかり気を取られ、心の声に耳を傾けることをやめることが正しいのかもしれないと思ってしまう方は少なくありません。また、当初感じた自分の意見すら頭の隅っこに追いやって、なかったことにしてしまう方もいます。

何度もお伝えしていますが、正しさの基準は人それぞれですし、こっちが正しくてあっちは間違っていると言えるほど偉い人など、本来はいないのです。親のほうが偉い、すごいという小さい頃から感じている（時には感じさせられている）ことや、信頼している人の言葉に間違いはないというような感覚自体が、そもそも必ずしも正しいとは言えないということです。時には思い込みから派生することだってあるのです。

自分の意志や考えを押し込んでしまったままでいるのは非常にもったいな

いことです。自身の答えや選択を、また、「○○したい」という湧き上がる感情を大切にすることは、自己肯定感を高めることに繋がります。

だからといって、頭ではわかっていても行動に移すのは難しい、時間がかかると感じている方もいるかと思います。自分のペースで構いません。すぐにできなくても全然構いませんので、自分のできるところから、自分ができる場面から「○○したい」という感情を大切にしてみてください。

◈なんくるないさ（どうにかなるさ）精神

いろんな気質の人が共存している社会で、自分を保ちながら周りと上手に付き合っていくということには、良いことばかりがある訳ではありません。時として傷付くこともありますし、悩むことやへこむことだってあります。だからといって、ずっと家にこもり切りというのも難しいことで、どうしても外の世界に出て行かなければならないときは沢山あります。

そんななか、どうしても避けられないのが、新しいことや経験が浅いこと、慣れないことに取り組んでいかなければならないということです。それらに取り組んでいくうえで恐怖心を抱いたり、嫌だなあと感じるのは、けしてHSPだけに起こることではありません。HSPの有無にかかわらず、いろんな人が同じように思うことでしょう。ただ、どちらかというとHSPにとっては、すごく怖いもの、すごく嫌なものとして受け止めてしまうということが起こります。

そんなHSPにお薦めなのが、「**なんくるないさ（なんとかなるさ）精神で物事を受け止めていく**」という方法です。

今や知っている方も多くなっていますが、私の地元沖縄には「なんくるないさ」という言葉があります。これを、「なんとかなるよ」という楽観的な意味合いで理解している人が多いのですが、実はこの言葉の本当の意味は、「くじけずに正しい行いをして進んでいけば、いつか良い日が来る。なんとかなるよ」というものです。

この気質の方なら誰しもが感じることだと思いますが、日常を送るということだけでも刺激過多により疲れることが沢山あるので、表に出さないだけで心のなかでは常に葛藤したり考えすぎていたりと、いつも忙しい状態です。ですから、そんなＨＳＰが新しいことや不慣れなことに進んでいくということは、実はすごいことなのです。

大きなストレスを感じるときもあれば、逃げたくなるときだってあるなか、新しいことや慣れないことに向き合おうという気持ちや姿勢を持っているだけでも、十分に「くじけずに正しい行いをしている」と言えます。この気質から逃げずに向き合っている証拠です。

ですから、これから新しいことや不慣れなことに直面したときは、ぜひこの「なんくるないさ」を思い出してみてください。意外かもしれませんが、実はあなたが心配していることはどうにかなるものです。先ほどお話しした事実と解釈の違いの話にも繋がりますが、事実＝新しいこと・不慣れなこと、に対して、解釈＝怖いもの・嫌なもの、となっているだけだったりするのです。どうにかなります。なんくるなりますから、自分の可能性を自分で否定することだけはしないでくださいね。

第三章　ＨＳＰと日々の生活のヒント

第三章　ＨＳＰと日々の生活のヒント

日常生活に起こりうるＨＳＰの特徴

ＨＳＰのことをある程度理解したとしても、日常生活という場面に遭遇すると、どうしてもこの気質をうまくプラスに受け取ることができないこともあれば、余計に考え込んでしまうこともあるでしょう。

第三章では、この気質と、日常生活に起こりうる出来事を重ねて見ていきながら、**日々の生活のヒント**になることをお伝えしていきます。

気になったらとことん

ＨＳＰは第一章のＤＯＥＳでも説明したように、物事を深く捉える傾向にあります。それは他人や出来事に対してだけではありません。自分自身においても考えることが非常に多いのです。そのため、気になることがあるととことん追求したくなり、自身が腑に落ちて納得のいくまで調べないと気がすまなくなる傾向にあるのです。

加えて極端思考も重なり、とにかく答えがないともやもやする、納得のいくところに落とし込みをしないと中途半端な気がしてしまう、と感じることもあります。**「答えがない答え」ということに対して苦手**だと感じやすいのも、ＨＳＰの方に多い特徴と言えるでしょう。

ですが時に、答えを求めすぎて、気付けば深く掘り下げること自体に熱中してしまい、本来自分が求めていた答えはほぼ見つかっているのに、掘り下げることが目的のようになってしまうことがあります。掘り下げていく過程のなかで、求めていた答えを見つける方向から、じゃあこれはどうなの？　あれはどうなっているの？　と新しい疑問が生まれ、それについてまた答えを探し求めていく、いわば終わりのない答え探しのような方向にシフトチェンジしてしまうのです。

追求する行為自体に集中し、自身が混乱して苦しくなり、辛く感じることがある際には、一度その追求していることから離れてみることが必要です。距離を置いてみると、その追求は本当にしたかったことなのか？　はたまた追求する行為のほうにシフトチェンジしてしまっていたのか？　を冷静に区別することができます。

ある程度、自身の行動に対して第三者の目線で見るように心がけることで、早く気付けるようになることでしょう。

自己啓発書やスピリチュアルの本、心理学が好き

自己啓発書やスピリチュアルの本、占いなどが好きな方はＨＳＰにとても多く、あらゆることに対して深く捉える面から、自分のことを知りたいという欲求も強くなり、それゆえに自然と自己開示に繋がるものを好きになる傾向があります。

第一章のＤＯＥＳを通してお伝えしましたが、この気質ゆえに周りの人と自分を比べたときに、

◉説明するのは難しいけれど、周りの人とはなんだか感覚が違うような気がする。
◉自分は周りの人の感覚とずれているような気がしてしまう。
◉自分の感覚って間違っているのかな？　おかしいのかな？
◉自分の感覚に自信が持てず、自分が何者なのか？　自分はなぜ人

と違うのか？　自分は自分でいてはダメなのか？　と自問自答してしまう。

このように、自分という人間を知りたい欲求が高まることにより、これらのジャンルに興味を持つのです。

理解を深め、自分という人間に深みを与えていけることはとても良いことなのですが、だからといって、必ずしも答えが見つかるということには繋がりません。自分の求める答えが見つからないことがあったり、そのときはわかったつもりでいても、結局のところ同じような自分探しをしてしまっていて、いつまで経ってもうまく自分と仲良くできなかったり、自分と向き合い切れないと感じている方も少なくありません。

自身を好きになるために、あらゆることへの理解を深め、そこから自分を見つめていくという作業はとても大切なことなのですが、根本的に自分が向かうべき方向から外れてしまうと、いつまでも同じところをさまよってしまうということが起こります。

第五章で自分を好きになる方法について具体的に説明していますので、ぜひそちらも重ねて参考にしてみてください。

良くも悪くも刺激過多になりやすい

ＨＳＰはそうでない人に比べ、神経が高ぶりやすい傾向があります。そのため、嫌なことをしなければならないときや苦手な場所にいるときだけではなく、実は楽しいときでも自分が気付かないうちに刺激過多となり、疲れてしまうことがあるのです。

例えば、友達や恋人、家族と楽しい時間を過ごし充実したとしても、１人になるとぐったりしてしまうことがあったり、旅行に出かけていろいろな場所に行き、楽しんだと思いきや、宿泊先に着くと、どっと疲れが出てきたりしてしまうのです。

楽しいことでも疲れてしまうことがある。それを覚えておくだけで、疲れる前にこまめに休息を取ることができるようになります。自分が疲れたときの感覚は自分にしかわからないものですから、自分の身体や心の声に耳を傾けて、疲れすぎる前に自分なりの休息方法を試してください。

トイレの個室にこもり、少し長めに目を閉じて休んでみる。数人でいる場合、タイミングを見計らって、1人だけ少し離れて外の空気を吸ってみる。落ち着くアイテム（肌触りの良いタオル、嗅いで落ち着くアロマ、好きな飲み物や食べ物など）で心を落ち着かせるなど、方法はいろいろありますから、あなたなりの方法を取り入れてこまめに休息をしてみてください。

1日24時間じゃ足りない？

第二章で簡単に説明したのですが、ＨＳＰは「〇〇をしよう」と思っていても、他のことが視界に入ってしまうと、「〇〇**もしたいけれど、あれもあるしこれもやらなきゃ**」とやることが多くあるように感じてしまい、まだ何もしていないにもかかわらず気持ちだけ先に疲れてしまう、ということがあります。

例えばやるべきことが10個あったとして、それを全て終えたとしましょう。ですがそれで終わらず、11番目の他にやるべきことを見つけたりしてしまうので、それこそ時間が足りないと感じてしまい、１日を振り返ると沢山のことをしていたとしても、まだ足りない、まだできるかもしれないのに、と思ってしまうのです。

細かなことや些細なことまで気付くことができるＨＳＰだからこそ起こり

やすいことなのですが、気付いたあとに気付きだけでやめることができず、「時間が足りない」「まだできるのにできていない気がする」と、安心できない状態が長続きしてしまうことがあるのです。

そんな風な考えになってしまう理由としては2つ挙げられます。

まずは、完璧主義になりやすいＨＳＰゆえ、自分のなかで、「もっとできるかもしれないにもかかわらずしていない自分」という部分にフォーカスが当たり、自分がさぼっているような、見て見ぬフリをしてしまっているような気持ちになり、そんな自分を責めてしまうこと。

もう1つは、正義感が強くなりやすい傾向にあるＨＳＰゆえ、自分を否定する考えになり、できるはずのことをしていない自分ってダメなやつだ、ずるいと、自分自身に×をつけてしまうこと。

このような状態になった場合には、自分を責めるよりも「**確実に先にして**

おいたほうが良いこと」をとにかく優先してみることをお薦めします。この気質ゆえ、どうしても気付かないフリというのは難しく、見ないようにしていたとしても、どのみち細かなことまで気付いてしまうでしょう。だから、その気持ちは持ちつつも、そんな気持ちを持つことを否定せず、シンプルに確実に先にしておいたほうが良いことから順を追ってしてみるのです。

そうすることで、確実に1つ1つの物事は実行されていきますし、優先順位が高いと感じたことからこなしている訳ですから、していない自分よりしている自分、という存在が確立されていき、少しでも何かをやり遂げられている自分への自信に繋げていくことができて、更に効率良く物事を行うことができるようになるのです。

見えないところを掃除する

今お伝えした方法を実行したくても、それでもどうしても難しい、そんな方もいるかと思います。日々いろいろなことを考えて頭のなかが忙しくなりがちなHSPは、優先順位を決めることにも混乱してしまい、何から取りかかれば良いのか、何に重きを置くべきか、どうしたら良いのかわからず、時間だけが過ぎていってしまう、そんな方もいるでしょう。

そういうときは、ぜひ**見えないところや散らかっているところの掃除**からしてみてください。部屋や職場のデスクなどの身の回りにある自分の居場所と心は繋がっていると言われています。自分の普段いる環境の状態は自分の心の状態を表していると言われているように、心に余裕がない、落ち込む日が続いている、そんなときは掃除まで手が回らず散らかってしまう。そんなことはありませんか？

まずは自分のよくいる居場所の環境から綺麗にしてみることです。そんなときにもあらゆる角度から考えてしまうHSPの一面が顔を出し、何からどこから掃除したら良いのだろう…と思う方もいるかもしれませんが、それこそ先ほど説明したように、「確実に先にしておいたほうが良いところ（確実に先に綺麗にしておいたほうが心地良く過ごせるところ）」から優先的にやってみるのです。

掃除を通して綺麗な環境が整うことで心まですっきりし、自分の優先順位がわかりやすくなることでしょう。

決断が苦手

直感でコレ‼　と確信し切っているとき、HSPの即決能力はものすごい力を発揮するのですが、危機回避能力も高いことから、普段の生活のなかでは、Aにしようか、それともBにしようか、こっちも良いけどあっちも良いし…と、なかなか即決できず、答えを出すのに時間がかかってしまうことがあります。

直感が鋭いため、確信し切っているときのように、どんな状況でも瞬時に判断して選べたら良いのですが、本当は自分のなかで答えが決まっていたとしても、周りの常識や一般的な正解を選ぶほうが正しいように感じてしまい、効率の良いほうを選ぶほうが良いのかもと考えてしまい、なかなか答えを出すのが難しいのです。

ＨＳＰに限ったことではないかもしれませんが、人はシンプルにするよりも複雑にするほうが良いことであると感じてしまうものです。特に先ほどお伝えしたように危機回避能力が高いＨＳＰでは、「絶対大丈夫！」と思い切れない場合に、シンプルな答えを導くということはイコール、リスクが高いことをしている、というように感じ取ってしまうので、それはとても難しい行為になります。

ですからそんなときは、「したいか？　したくないか？」「欲しいか？　欲しくないか？」「好きか？　嫌いか？」と答えが極端な二択形式で決めてみてください。そのときに「今は欲しくないけど、あとで欲しくなるかもしれないし…」とか「好きだけど好きじゃない日もあるし…」などと保険をかけるようなことや、状況が変われば必要かもしれないといったような曖昧な答えではなく、**二択からのチョイスをしてみる**のです。

答えは変わって良い

ＨＳＰは、自分が決めたことは守り通さないととか、自分の決断を変えるのは良くないことだ、と思う傾向があります。真面目ゆえに、マイルールは絶対。そうなってしまいがちなのです。

加えて危機回避能力も高いことから、まだ挑戦したことのない世界や不慣れな世界といった、その人にとっては未知の世界とも言える環境に入る状態であればあるほど、そこはリスクが高く恐ろしいところという風に捉えます。できる限り、傷付くことや辛い思いをすることはしたくないと防衛本能が高まり、マイルールを決めるに当たり、事前にいろいろと策を練って自分のベストな選択を目指そうとします。

なかには行動力が先に現れてしまい、動いたあとに「あ、ここは怖いところかもしれない。どうしよう」と気付き、そこから一気に防衛本能が高まる、といった傾向にあるＨＳＰの方もいます。

どんなきっかけにせよ、マイルールを作ること、そしてそれを守ることに躍起になってしまいがちなＨＳＰですが、実は答えやルールというものは常に同じものではありません。法律ですら世の流れに従って変わりゆくもの。それくらい答えやルールというものは変わるものであり、時間が経つにつれて変わることがあっても当たり前。

少し辛口なことをお伝えしてしまうと、傷付かないように辛い思いをしないように決めたマイルールでも、時間の経過とともに変わりゆくものはありますから、状況の変化に応じたルール変更をしていかないと、自分を守るどころか逆に傷付くことが増えてしまうこともあり得るのです。

ですから自分が決めた答えやマイルールは変わって良いし、**変えていくほうがベストウェイになることのほうが多い**、ということを念頭に置いておいたほうが、より自分を守ることになるでしょう。

文章を作るのに時間がかかってしまう

文を読む相手のことまできちんと考慮して文章を作ろうと考え、あらゆる視点から、「この文章はどう捉えられるかな？」「ちゃんと伝わるかな？」などと配慮できる細やかさも備えているＨＳＰは、普段から必要以上にメールやブログの文章作成、会社の資料作成、ＳＮＳへの投稿など、あらゆることに時間をかけて取り組んでしまいがちです。「打って、読み返しては消して」を繰り返し、という方もなかにはいます。

伝えたいことは心のなかにきちんとあるのに、「○○と言ってみようかな。あ、でも△△のほうがわかりやすいかな…。あ！　でもやっぱり最初の××の言葉のほうが良いかも」というようにまとまらなくなってしまうことがあるのです。

自分自身が些細なことに敏感に反応してしまう面があることから、相手の反応にも敏感になってしまうがゆえに起こることと言えます。なかには、もう最終的によくわからなくなってしまい、メールやブログの文章、ＳＮＳで投稿しようとしていた文章を全て削除して、結果、行動しないという答えに着地する人もいます。

他にも、メールを例に挙げると、相手の返信が自分的時間軸で遅いと感じた場合、頭では相手も忙しいのかもしれない、返信をし忘れているのかもしれないし、と思いつつも、内心では、「やっぱり文面が良くなかったのだろうか？」「何か気に障ることを言ってしまったのだろうか？」と考え込んでしまったりすることもあります。

「人は人、自分は自分」。そう言い聞かせても気になってしまうこともあるでしょうから、そんなときには、**気になってしまう自分はダメだ、と否定することだけはけしてしない**でください。

相手と自分は同じではありません。みんながみんな、あなたのようにきちんと返信しようと思っている人や、相手を考慮できる人ばかりではないということを念頭に置くことです。

むしろ、きちんと自分以外の人を考慮できる優しさや細やかさを備えているということは素晴らしいことですから、その面にはぜひ自信を持ちましょう。

気にするよりも、そんな**配慮ができる自分を褒める**って大切です。それにあなたがどんなに配慮したとしても、合わない人や否定的な人というのは事実存在するものです。世の中十人十色ですから、相手のことはさておき、まずはあなた自身の**「気にすることができる良さ」**を大事にしてください。

時間軸の切り分けが苦手

HSPは、過去・現在・未来の時間軸の切り分けがあまり上手ではないので、過去の記憶を（良いことも嫌なことも、昔の思い出も）、あたかも最近起きたことのように思い出すことができます。

良い思い出や出来事であれば心が温かくなれるものですが、辛かったことや嫌だったこと、傷付いてしまったことに関しては、胸が締め付けられるような、なんとも言えない感情が自身のなかで渦巻き、時に辛さが増してしまうこともあります。

ＨＳＰという気質上、時間軸の切り分けがあまり得意でないということを知っておいて、自分のなかで切り分けを意識できるような発想に近づけることが大切です。

過去の何かしらのことについて思い出したときに、その感情は今現在の自分のものなのか？　それとも、その当時の自分に瞬間移動したような状態になって、思い出の影響を大いに受けて傷付いているのか？　それをはっきりと客観視するように意識すると、過去の自分がそう思っているのか、今の自分が思っているか、少しずつわかってきます。

こんなことをお伝えすると、この気質の特徴を嫌に感じる方もいますが、けして悪いことばかりではないこともご理解頂きたいと思います。

ある花の香りをふと嗅いだとき、過去の甘酸っぱい記憶を鮮明に思い出し、当時の自分に戻って温かな気持ちで思いにふけることもできれば、冬が近づく冷たい空気感から当時の自分を思い出し、そんな過去と今の自分の違いを見つけて自分の変化を感じることだってできます。時間軸の切り分けが苦手なことは、けして悪いことばかりではないのです。

起こってもいないことを考えてしまう

深く物事を捉える面と、危機回避能力が高い面の両方が影響し合い、現時点の状態から先を見たときに、「今はこういう状態だけど先のことはわからない、もしかしたらこのままだとこうなるかもしれないから、こう対処しておいたほうが良いのかな…」だとか、「あ、あの○○も今はどうにかなっているけれど先の保証はないし…」などと、起こってもいないことに今のうちに対処しようと試み、まだ見ぬ未来に対して必要以上に不安になることがありますす。また場合によっては、そのことから心のバランスを崩してしまうことすらあるのです。

先のことを考えるより今を大切にするべき、ということはわかっているつもりでも、ふと気付くと先々のことを考えてしまっている。そんな自分に気付いて、また結果として考えている。そんな方も少なくありません。だからといって、先のことを考えることで得られる安心感もあります。

現に、私の前職はフリーランスのウエディングプランナーだったのですが、この職種こそ、この面の良さが発揮できる仕事だと言えました。人生の大きなイベントにミスはけして許されるものではありませんから、この特徴が大いに役立ち、仕事での自分を支えることができたものです。

先のことを考えて、安心できるようなこと（リスク回避）を積み重ねることで、お客様の大切な1日をサポートすることができたのですから。

この例のように、**先のことを考えることが良い方向に向かう場合も沢山あります。**

ですがもし、考えすぎるがあまり不安感が増して疲弊してしまうという方は、必要のない不安が起こっているのだということを自覚できるよう、自分を客観視すべく心がける必要があるでしょう。

先のことを考えること自体、けして悪いことではありません。先のことを考えたときに、今現在準備が可能なリスク回避策が見えてきて、それに従って行動することは良いことです。ただ、先回りをすることで「今を大切にできていない」ということになれば、それはあまり得策とは言えませんから、今を大切にする気持ちを忘れずにいることが大切です。

共感性羞恥

第一章でも簡単に説明しましたが、共感性羞恥とは、自分ではない他の人が恥ずかしい思いをしたり、笑われたり、非難されたりすると、まるで自分がそうされたかのような感覚になり羞恥心を感じてしまうことを言います。

そのため、テレビ番組のドッキリ企画などに苦手意識を感じるＨＳＰも多く、他にもボクシングやプロレス、格闘技の観戦に抵抗を感じる人もいます。

自分が殴られている訳でもないのに自分まで痛さを感じているような感覚になるのです。

そのように、自分がされたわけでもないのに、相手に起こったことを感じてしまうことがあることから、映画やドラマなどに強く感情移入をする人もいます。感受性が豊かな面が強く発揮されるので、感動する映画などを観ると誰よりも涙を流していたり、共感していたりするという人もいるでしょう。

その度合いにも個人差はありますから、暴力シーンは大丈夫だけどドッキリ企画は苦手とか、暴力シーンには抵抗がないけれど、告白ものの番組などを見ていると一気に恥ずかしさが増して、見ることができなくなるなど、それは様々です。

疲れているときの自分に鈍感

本当は疲れている。本当はもうきつい。本当は嫌だと感じている。そんな状態になっても、休みを取ることより「なんでもっと頑張れないのだろう？」「自分ってダメだ」「これくらいで休むなんて弱い」というような思いが先行してしまい、休みを取ることがなかなかできないというＨＳＰは非常に多いのです。

休むことが嫌なのではなく、突然違う仕事をふられたりして自由がきかない。育児をしていて自分よりも子どもを優先している。家族で自分しかこれをする人がいないからやるしかない。頼れる人がいなくて頑張らざるを得ない。――その結果、身体を壊してしまったり、もう少し頑張れると思いきや、実はもうかなり無理をしている状態になっていた、ということもあります。

ですが、ご存じでしょうか。本当のところ、実は「あなたが休めないと感じているから休めない」のです。休むことはＮＧだと自分自身で思っているからこそ、休みを取るという思考がなく、その結果難しいと感じているのです。

事実、あなたと同じ環境でも休みを上手に取っている人やうまく休息している人はいます。だからって誤解しないでくださいね。そんなあなたがダメなのではありません。ただ方法がわからなかっただけで、今日まで過ごしてきたということも大いにあり得るのですから。

そんなあなたが今後、疲れやしんどさを感じた際には、今はこれ以上取り組めない気持ちになっているのだなと、ぜひいったん自分の今の気持ちを認めてみてください。認めず無理をしてしまうと、焦りを引き起こしたり能率が下がったりして悪循環へと繋がります。

認めるとこれ以上頑張れなくなりそうで怖い。そう言う方もいますが、それは怖いと思うほど自分に無理をさせてきた証拠です。認めることはけして怖いことではないのです。むしろ、いったん自分の今の気持ちに素直になるということは、結果として現状を客観視できるようになり、人と比べるのではなく、自分に合った休息の取り方や、その物事に取り組んでいるときにどれくらい集中力が持続できるのか、どういうときに飽きてしまうのか、どんなときに疲れたと感じているのか、ということに気付くことができ、自分を知ることに繋がります。

そして見落とされやすいのですが、実は疲れやすさにも個人差があり、人それぞれだということです。社会に出ると、休憩時間が決められていたり集団行動を余儀なくされてしまうときもあるものですが、自分の状態を知っておくことで少しでも良いコンディションを保てるようになります。

トイレにこもって少し1人でぼーっとしてみる。何か飲み物を飲む。アロマの香りや自分が心地良くなる香りを嗅いでリフレッシュする。肌触りの良いお気に入りのタオルに顔をうずめてみる。飴やガムなどで気分を変えてみる。人それぞれ好きな方法、あなたが今いる環境のなかでしやすいことが必ずあると思いますので、疲れを認めたうえで自身に合った方法を試してみてください。

断る勇気を持つ

断るのが苦手、NOと言うのが苦手、と感じているHSPはとても多いです。自分がNOと言うことで相手に気を遣わせてしまうのではないか？　断るということは自分本位な気がする。そんな風に感じることから、断るよりも首を縦に振ってしまうことがあるのです。「嫌われたくない」と感じているがゆえに断れないと思っている人もいるでしょう。

かく言う私も、断るということを難しく感じ、1人になったときや時間が経ったあとで「次からはちゃんと断ろう」と決意するものの、いざその場に臨んだときには、なんだか断れずにやり過ごしてきたものでした。ですがあるとき、断り方のポイントさえ押さえれば、断ることへの抵抗感が減り、断り上手になれることがわかったのです。

断り方の方法を身につける

断れない人は、先ほどお伝えしたような理由から断れないのがほとんどだと思います。そんなときは、断り方にある工夫をすることで断りやすくなります。

その工夫とは、「**譲歩できる何かを加えて断る**」というものです。

例えば、仕事で上司に「○○をしておいてほしい」と言われたとします。真面目なＨＳＰですから、もうどんなに自分がいっぱいいっぱいに仕事を抱えていたとしても、断るのは良くないと判断して了承してしまいがちです。それが自分以外の人でもできる仕事だったとしても、です。

そんなとき、すぐに二つ返事で引き受けるのではなく、「今このような状態にあるので、○○までならできますが△△はできかねます」「○○までなら可能ですが、△△は他の方の協力があれば、今日中に終わらせることができると思います」などと、できることとできないことを明確にして相手に伝えるようにするのです。

できることも含めて相手に伝えるのですから、相手のお願いや依頼を断っているということではありません。どうしても０か１００かの極端思考になりがちなＨＳＰですから、できるのか？　それともできないのか？　と極端思考で返答をすることが大切であり良いことだ、と感じてしまう傾向にあるのですが、相手に対して自分のできることとできないことを明確に伝えられるようになると、相手も断られているという印象を受けることがないため、比較的スムーズに事が進みやすくなります。

他にも、仕事以外のプライベートでよくあるのが「飲みに行かない？」「ランチどう？」「話せる？」などの誘いをもらったとき。

正直言うとあまり乗り気ではない、もしくは本音を言うと行きたくない。そのような状況にあるときに、「疲れているからまた今度」とか「その日は無理です」とはっきり相手に伝えられるという方は問題ありませんが、「また連絡するよ」や「少しの時間なら大丈夫」と本音を隠して、相手の要望についつい傾いてしまう場合がこの気質には非常に多いです。

自身の疲れの状態や気持ちの状態で相手に返事をすることができず、かといって上手に断ることもできずに、悶々とした気持ちになる方もいるのではないでしょうか。

そんなときにも、できることとできないことの両方を相手に伝えるという方法はかなり有効です。

この場合は、できることから言うのではなく、**できないこと、つまり自分がもともと苦手、好ましくない、そう感じていることから先に伝えます。**

◉実は大人数の集まりがもともと得意じゃないから、遠慮しておくね。

◉仕事が続くととても疲れやすいほうだから、休みは1人で過ごしたいんだ。

◉実はお酒はもともと苦手だから、飲み会はやめておこうかな。

というように。

初めにあなたが「できない」ことを伝えるということは、ただ断るということだけでなく、本来のあなたの特徴も重ねて伝えるため、相手にあなたという人はこういう人なのだ、という情報を伝える意味合いも兼ねているのです。

自分が言える範囲で、そして自分が無理をしすぎないペースで断る方法を身につけていくことで、あなたの日々はより過ごしやすく快適なものとなるでしょう。

自分を肯定することが苦手

自分自身に自信を持つことができないＨＳＰは実はとても多いです。周りの人と比べたときに（ここで言う周りの人というのはＨＳＰでない人のこと）、周りの人より些細なことを敏感に察知でき、細かな面に気付きやすいことから、みんなと違う自分を感じる機会が多く、それゆえに周りの人と共感できることも少ないと感じてしまい、孤独を感じてしまう機会が多いのです。

また、それに深く捉える面が加わって、自分が他の人と感覚が違うと感じることに対しても、どんどん掘り下げていき、結果として他者との違いを見つけたときに、自分を尊重することよりも、違いを見つけたときの感情（孤独感や辛さ、悲しさ）が優先され、自分がダメだからそんな感情を抱くのだと捉えてしまい、自分を肯定することを難しく感じてしまう傾向があるのです。

もちろんそれ以外にも、家庭環境や生育環境のなかで、第二章で説明したＤＯＥＳという４つの特徴があることを周りに受け止めてもらうことが少なかった経験なども、自己肯定感という面に大きな影響を与えてしまいます。

「なぜ周りの人のように割り切りが上手にできないのだろう？」
「みんなのようにそつなく物事をこなせない自分ってダメなのかな」
「些細なことで傷付いてしまう自分って弱いのかな」

普段からこのように自分のことを受け止めてしまい、自分に自信を持つことを難しく感じるだけでなく、他者から褒められたい、認められたいと、相手から得られるもので自信を作り出そうとしてしまう欲求を強めてしまっている方もいます。

そのため、周りの人に「自信を持ったほうが良いよ」と言われると、相手が心からのアドバイスのつもりで伝えているときでも、本人にとっては励まされるどころか逆効果となってしまい、自信が持てない自分はダメだと、更に落ち込んでしまうことも少なくありません。

ですがそのような状態にあったとしても、自分を卑下することはありません。このような状態になっているということは、実は自己肯定感が下がっているがゆえに起こってしまっていることですので、改善することは可能なのです。

自己肯定感を高める方法、自分を好きになれる方法については、少し長くなってしまいますので、第五章で細かく説明していきたいと思います。

第四章　HSPと人間関係

第四章　ＨＳＰと人間関係

人間関係で起こる悩み

何度もお伝えしていますが、ＨＳＰというのはあくまで気質です。「**気質＋性格＝その人**」ですから、同じＨＳＰという気質を持っていたとしても、違うタイプのように感じたりすることもあるでしょう。ですが、ＤＯＥＳに当てはまるＨＳＰに起こりやすい共通の悩みというものはあるのです。

これらがあなたにとって、心の支えや自分を知る材料、悩みを解決するヒントになれたら幸いです。

相手が何を考えているのか気になってしまう

ＨＳＰでない人にもあることかもしれませんが、この気質の方はＨＳＰでない人に比べると、必要以上に相手の反応を気にしてしまう傾向にあります。気質の特徴でもある**「相手の些細な変化に敏感な面」**があるため、自分がしたことで相手が少しでも不快感を表しているような表情や態度、言動などが見られると、一気に不安になり、「私は何かしてしまったのかな？」「どうしよう。何が原因で不機嫌なのだろう？」「何が良くなかったのかな？」と不安にかられ、場合によっては自分の言動に自信をなくしてしまうことがあるのです。

実際、相手が特に何も気にしてなかったり、不機嫌でもなんでもなかったりするときでも、そのようになってしまうことはよくあることです。その不安感を感じる度合いは、同じＨＳＰでも人それぞれ異なるものですが、気質の特徴の影響を受け、相手中心に物事を考えてしまう人は多いでしょう。

これはけして、あなたが臆病だからとかあなたがダメだからそう感じてしまう、ということではありません。自分の心を守るためのいわば防衛反応のようなもので、無意識に起こることなのです。

自分が相手の言動などに敏感なため、自分が相手にしたことで相手が見せる些細な反応を感じたときに、この人も自分のように感じてしまっているのかな？　と投影（自分の心の状態や考え方を相手に映し出すこと）をしているのです。

既読スルーに敏感

今や当たり前のように浸透しているSNSや無料アプリのLINEなどの

既読通知に大きく反応してしまうＨＳＰは多いです。

文面に誤解がないようにしよう、相手にきちんと伝わるような文面にしよう。そんなことを意識しているＨＳＰからすると、既読スルーをされているという状態は神経を高ぶらせてしまい、感情が落ち着かなくなるきっかけとなってしまうことがあります。頭のなかでは、相手も忙しいから仕方ないかなとか、相手もきっと読んで確認しているけれど返すまでもないと思っているのだろう、などと言い聞かせてみるものの、心の奥底では、「何か失礼なこと言ってしまったのかな?」「相手に申し訳ない態度を取ってしまったのかな?」「なんで返信が来ないのだろう?」と感じてしまうのです。場合によっては、「もしかして…嫌われているのかな?」と感じてしまう人もいます。

マイペースとは自分が楽だと感じるペースのこと

対面での人間関係を通して、あるいは直接的ではないものの、簡単に相手と接することのできるSNSやLINEなどのツールを通して感じるしんどさを緩和するには、とにかく**マイペースを保つこと**が大切です。そう言うと、物事を深く捉えてしまう気質の影響を受け、「マイペースとは?」と深く考えてしまう方もなかにはいると思いますが、シンプルにマイペースとは「自分が心地良いと思えるペース、自分が楽だと感じるペース」のことだと捉えてください。

日常生活を送るなかで自分が自分のペースを保つなんて難しい…。そう思う方もいるかもしれませんが、私が言う自分のペース=「自分ペース」とは、「可能な限り、自分が調整できる範囲のなかですること」が前提にあります。無理をして自分ペースを保とうとしても、それは本来の自分ペースではなく

「頭のなかで考えた自分ペース」に過ぎません。本当の自分ペースの感覚とは、食べたいときに食べたいものを食べて美味しいと感じる、トイレに行きたいときにトイレに行ってスッキリする、そんな感覚と同じようなものです。

そう言うと、なんだかわがままに自分のことばかりを考えて過ごしているような気がする、と抵抗を感じる方もいるのですが、これはわがままとは違います。わがままとは無理なことでも自分がしたいままにすること、自分本位に振る舞うことです（むしろ、それをしたくてもできないＨＳＰのほうが多かったりするものです）。

自分の心地良さをないがしろにしてしまうと、感覚はどんどん鈍くなっていき、自分は何が心地良いのかわからなくなってしまいます。

少しずつ、自分ができる範囲で構いません。すぐにできなくても良いと自分に許可を出したうえで自分ペースを試してみてください。これを書いている私ですら、何年も試していますが、未だに自分ペースを見失い焦ってしまうことなんてしょっちゅうです。ですから自分ペースをコンプリートする気持ちで試すのではなく、「前よりは自分ペースを保てるようになってきている気がする」のような感覚を持てたらＯＫ、そんな心持ちで試してください。

そして何より自分ペースを楽しむことをけして忘れずにいることが重要です。

頑張れと言わないで

「頑張れ」という言葉は時として凶器にもなり得るものです。相手に期待されている（または期待されているように感じる）と、それをバネにしてと言うよりも、変にプレッシャーを感じたり責任感を感じてしまい、余計にストレスとなってしまったり、しんどく感じてしまう方は少なくありません。相手はそんなに悪気はなく、励ましのつもりで言った言葉だとしても、また言われた本人も相手に悪気はないとわかっていたとしても、です。

ＨＳＰは「まだできるかもしれない」「もっともっと」と自分のハードルを更に高めていく傾向にあるため、頑張れと言われると、自分ではまだまだ足りないとは思いつつも、実はもう十分に頑張っているがゆえに、その言葉が嫌になってしまうことがあるのです。

頑張れという言葉はＨＳＰにとって何気ない言葉ではなく、時としてとても**大きな意味を持つ言葉**となります。

また、仮にその言葉が気になると誰かしらに伝えたとしても、「考えすぎだよ」「気にしすぎじゃない？」と言われてしまう機会もないとは言えません。

そんなときには余計に自分に自信をなくし、気にしてしまう自分の捉え方が良くないのかなと自分を追い込み、心が病んでしまうこともあります。

それほど繊細なのかと、HSPでない人には言われてしまいそうですが、本人としてはいたってそんなつもりはありませんし、それこそ相手基準で繊細と決めつけられている気分になってしまうこともあります。HSP本人としては、普通の感覚を繊細扱いされて良い気持ちになれない、という方は少なくないのです。

「繊細＝扱いづらい、やりにくさがある、神経質」というような社会的イメージがぬぐえないのは、どうしてもまだまだ繊細な人への知識や理解が足りず、イメージのみがステレオタイプで浸透してしまっていることがその理由の1つと言えます。

だからこそ忘れないで頂きたいのは、頑張れという言葉に反応してしまうのは、あなたの頑張りが足りないのではなく、またダメな人だから言われている訳でもないということ。そして**繊細がダメではない**ということです。言葉に敏感になってしまう自分を責めることなく、けして自分を卑下したりしないでください。言葉に敏感になれるその感性の素晴らしさはあなたの魅力の1つなのですから。

相手の心が見えてしんどい

相手の細かな変化や些細な態度などに敏感なＨＳＰは、それらに反応してしまう自分を時に嫌になってしまうことがあります。気付きたくないのに気付いてしまうというのは、気付かないでいるほうが楽だった、知らないほうが幸せだったと感じるような出来事もありますから、気付けるという面が嫌になってしまうときがあるのは当然かもしれません。

相手の不誠実な態度、建前や嘘、自分のなかであまり好きになれない一面などに気付くというのは、知ってしまうことで苦しさを感じてしまうときもあるものです。見えてしまうと見ないフリをすることを難しく感じてしまいますから。

ですがその一面は見方を変えると、「かゆいところに手が届く」という言葉がぴったりなほど、相手が喜び嬉しいと感じるツボをつくのもうまいということです。けして悪い面ではなく見方次第では素晴らしい一面なのです。

HSPのなかにはその面があることで、普段から必要以上に相手が何を考えているのか気付けるがゆえに、人の綺麗とは言えない面を目の当たりにして人間関係の汚さを感じ、人間関係自体を面倒に感じるという方もいます。

しかしながら正しさの基準は人それぞれ、価値観も様々です。**「人は人、自分は自分」**なのです。相手の反応は相手の問題であって、少し冷たい言い方になるかもしれませんが、実はそれはあなたに関係のないことなのです。

そんな人との関わりが身近にあり関係ないことはない。そう思う方もいるでしょう。ですが、その人の存在を自身の心のなかにとめて嫌な気持ちになる「選択」をしているのはあなたなのです。


きつい言葉になりましたが、だからといってあなたがダメな訳ではありませんから、けして誤解しないでください。「**相手の問題や状況をあなたが引き受ける必要はない**」ということをお伝えしたいのです。

相手の気持ちの状態や行動に対して、あなたが反応してしまう。それは事実として起こることかもしれませんが、そこからあなた自身が相手の気持ちに揺り動かされてしまう必要はないということです。

何より、そう見えるからといって相手の心のなかは相手にしかわからないものです。もしかしたら相手はただ具合が悪いだけなのかもしれないし、あなたの知らないところで誰かともめていたり、フラストレーションが溜まっていたり、その人自身が、何かしらの悩みなどを抱えているのかもしれません。また、嫌なことがあったあとにあなたと接しているだけかもしれないのです。

気になったときには、「**人は人、自分は自分**」です。相手の些細な変化やあらゆる細かな変化に気付いたとしても、自分とそれは別物だと割り切るように努めることが大切です。それが結果として、相手軸と自分軸を切り離すということに繋がり、相手に影響されやすい気質の面から自分軸を保つ術にもなるのです。

異性のほうが居心地が良い？

これは私自身がリサーチ・分析したなかでわかったことなのですが、どちらかというとＨＳＰは、男女問わず同性が多い環境に居心地の悪さを感じたり、落ち着きを感じることができなかったりする人が割合として多いようです。要は、**同性よりも異性のほうが話しやすく、心を開きやすい**という傾向があるようです。

他にも、世間一般で言われているような男性性、女性性が強くない同性の人のほうが、同じ同性同士でも心を開きやすいと感じる方が多いことがわかりました。

ＨＳＰの特徴に、些細なことに敏感に反応することができたり、相手の態度や言動などの細かな部分まで気付きやすいという面があります。その面が同性同士だと顕著に現れ、俗に黒い部分とも言われているような、同性しかわからない嫉みや僻み、やっかみなどを感じ取ってしまいます。それが同性との居心地の悪さに繋がってしまったり、同性同士で生じやすい同意見を求める空気感や状況、更には相手の本当の心の内（言葉にしている意見とは違う本音を持っているなど）を感じ取ってしまうことが、苦手、苦しい、嫌だと感じる方も多いようです。

もちろん、ＨＳＰは全員が全員そうである、という断定をしているのではありません。私が調査したなかでは比較的そう感じる人が多いという結果に至った、とお伝えするほうが正しいでしょう。

また、何度もお伝えしているようにＨＳＰはあくまで気質であり、人というのは生まれ育った環境やその人の性格など、いろいろな要素が混ざって「個性」を作っています。環境的に異性とあまり接する機会がなかった方もいれば、過去の背景のなかに異性に対して良い印象を持たない人だっている訳ですから、私の調査の統計的な結果とは異なる方もいるでしょう。

それに、対象者の１人１人と直接やり取りはしているものの、対面をしてもＨＳＰかどうかを断定できていない人もいますので、統計的な結果に関わった対象者の皆さんがＨＳＰかどうかの明確さを示すことができているかと言われると、そこは確定的ではありません。あくまで私個人の調査結果だと言えますが、対象者１００人のうち８割もの方が異性に対しての居心地の良さを感じているという結果は、けして曖昧なものではないと考え、因果関係はなきにしもあらずだと想定しています。

人と比べて落ち込んでしまう

「相手の心が見えてしんどい」のところでも説明したように、ＨＳＰは細かな面に気付けるからこそ相手と自分の違いも明確に見えてしまいます。何か落ち込むような出来事があったときや、常に自分を否定している時間が長かった人ほど自分に足りない面にフォーカスし、自分の良さや得意なこと、優れている面よりも、自分に足りないことばかりを思いついて、どんどん落ち込んでしまう傾向にあります。

もちろんHSPに限らず、人は人と比べてしまいやすい生き物です。その優劣を争うことでしか自分を評価できない人もいます。

HSPの私自身、自分よりもHSPの知識が豊富な人や優れている（または優れているように見える）人と比べてしまい、私が発信して良いのか？　私の発信は本当に意味があるのか？　と深く捉えて落ち込むこともありました。

そんな風に思ったことがある私だからこそ言えるのですが、人と比べてダメとか劣っていると決めているのは実は自分自身なのです。自分が自分でそう思うと、実際そこに繋がる出来事や事実のようなものばかりを探して、「ほら、だから自分はダメで劣っている」と感じてしまうのです。

人と比べてしまったときには、**自分の得意なことや自分ができることをとにかくピックアップ**してみてください。それがない人なんてこの世に1人もいません。あなたにも必ずあります。必ず、です。仮に方法が難しいと感じたときには、ぜひもう一度、第二章を読んでみてください。一度や二度ではなく、何度も読み返すことで少しずつできるようになるはずですから。

嫌いな人、苦手な人との関わり方

どんな人にもいる嫌いな人。もしくは、嫌いとまではいかなくとも苦手な人。そんな人の1人や2人、誰にでもいると思います。ＨＳＰがそのように感じる共通のタイプの人として、次のような人たちが挙げられます。

◉言葉遣いがきつい人
◉怒鳴ってばかりの人
◉とにかく威圧感を感じる人

◉感情が見えない人

このような人を苦手もしくは嫌いになる傾向があります。

相手の意見が強かったり、言い方が怖かったり、目が笑っていない人や無表情の人などと接すると、思うことがあっても言葉に出すことができず、心のなかに閉じ込めてしまうこともあるでしょう。また、自分が折れたほうが良いかなと思ってしまい、意見が言えずじまいになってしまう方も少なくありません。

時には、頑張って思うことを言ってみたとしても、そのあとで一人反省会や一人ミーティングをしてしまうのもＨＳＰによくあることです（私は自分一人で考え事をすることを一人ミーティングと呼んでいます）。

このように、自分で自分の行動や過去に起こった出来事を思い返し、ストレスを溜めてしまう人も少なくありません。

2：6：2の法則で対処しよう

ＨＳＰに限りませんが、私たち人間は、どんなに頑張ってもやはり相性というものがあり、相手が悪いのでもなく、自分がダメなのでもなく、ただただ合わないということが必ずあります。

2：6：2の法則をご存じでしょうか。2割はあなたのことが好きな人、6割はあなたのことを普通、もしくは特になんとも思っていない人、残りの2割はあなたのことが嫌いな人、という意味の法則です。この法則からもわかるように、どんなにあなたが頑張って相手に合わせたとしても、やはり合わない相手とは合わないということです。

ですから、嫌いな人、苦手な人との関わり方の箇所で説明したような人物に対して、あまり良い感情ではない、むしろ嫌いだと思っている場合、けしてそんな自分を責めないでほしいと思います。

嫌いな人がいても良いし、苦手な人がいても良いのです。合わない人がいて当たり前です。あなたにそういう人がいるのであれば、ぜひ可能な限り気持ち良くサッと離れてみてください。

嫌な人というのは、自分を投影しているのだ。自分の見たくない面を映しているのだ。または、自分的に許せないと感じている価値観を相手が持っているがゆえに、こちら側が嫌だという感情を抱いてしまうのだ。――そういう考え方もありますが、何度も言いますがHSPは深く掘り下げて物事を捉えてしまう面があります。ですから今お伝えしたようなことを考えてしまって、余計に自分を責め、結果的にどうしたら良いのかわからなくなってしまうことがあります。

そんなときはシンプルに、さくっと、そしてさらっと、嫌な人から離れたいという気持ちを大事にするほうが賢明です。気質の特徴から言うと、離れるのにどのみち時間がかかってしまうはずですし、どうせ考えてしまい、「嫌

な人　対処法」などとネットで検索して調べてしまっているはずですから。

もし、そういう人が簡単に切れない関係のなかにいた場合、難しいのは承知でお伝えするのですが、心のなかで線を引いて割り切るように考えつくす、というのも手です。それこそ「**人は人、自分は自分**」の考え方で対応していくのです。

なぜかこの日本では、協調性に重きを置いているからか、苦手な人と向き合うことを避けるのは良くないことだ、嫌な人だとしても受け入れていきましょう、というようなスタンスが存在し、「嫌＝離れる」ということは良く思われない傾向にあります。

ですが、この気質の方は本当に相手に比重を置いてしまいがちなので、受け入れるばかりになっている人が多いです。だからこそ、**嫌な気持ちを大事にすることにためらいを感じずに離れる**ようにしてみてください。

嫌いな人のことばかり考えてしまう

嫌いな人、苦手な人の箇所で、ＨＳＰがあまり好まないタイプについてお伝えしましたが、あなたはこんな感情になったこと、ありませんか？

◉ある人に対して嫌な感情がある。
◉ある人が好きじゃない。というよりむしろ嫌いだ。
◉○○さんのことを考えるだけでイライラしてくる。
◉本当に○○さんがストレスだ。

それにもかかわらず、なぜかその人のことばかりを考えてしまうとき…ありませんか？

きっとそんなあなたは頭ではわかっているはずです。その人のことを考えるよりも、もっと楽しいことや自分のプラスになること、嬉しくなることを考えたほうが良いことを。そして、その人のことを気にするだけ時間の無駄だから、考えるなんて良くないこともわかっているはずです。でも…、考えてしまい、そんな自分が嫌になり、なぜなのか知りたくなって、答えが欲しくて、スッキリしたくて、インターネットで検索したり、自己啓発書などを読んで答えを探し出そうとする。そんなことはないでしょうか。

でも、調べたとしてもそのほとんどが、「それはあなたの一面を見せられている証拠です」とか、「あなたにその嫌いな人との共通点があるから」などと書いてあるだけです。それを見てわかるような気もするし、そう言われてみればそうなのかもしれないけれど、「なんか違うような気がするなあ」と腑に落ちない感情が芽生え、答えがない答えを探しているような、迷路に入ったような、ぐるぐるした気持ちになってモヤモヤしっぱなし、なんてことになるでしょう。

嫌いな人のことを考えてしまう理由①

実は、HSPがそのようになってしまう原因の1つとして、0か100かの極端な考え方になりやすい、この気質の傾向があります。自分のなかで好きか嫌いか、どちらかの答えを見つけないとスッキリしないのです。

ですから、嫌いなAさんの良いところが見えたとき、「あ、Aさん良いところもあるんだ。Aさん好きかも。嫌だと思っていたけれど…実は良い人なのかもしれない」なんて思ったのも束の間、またAさんの嫌な面を見ると、「やっぱりAさんは嫌だ。合わない」というようになってしまうのです。

そのような良い面と悪い面を交互に何度も継続的に繰り返し見ると、自分の感情をどこに落とし込んで良いのかわからなくなり、Aさんを嫌いになったほうが良いのか？　それとも好きでいたほうが良いのか？　と極端思考が働いて、結果としてその人のことばかりを考えてしまっているという状態になります。

要はその人のことを考えているようで、本当のところは自分の感情を落とし込む場所がわからないから、その嫌いと思う相手のこと（言動・今までの振る舞い）を思い出すことで、好きか嫌いかをはっきりさせたいという思考回路が働いているだけなのです。

嫌いな人のことを考えてしまう理由②

人はどんな人でも良い面と悪い面、両方を備え持っているものです。あなたが思う嫌な人というのは、単に価値観の違う人だから、ということがあります（もちろん場合によっては、自己啓発書に書いてあるような、相手に自分の一面を映し出していることで嫌悪感を抱いてしまっている、ということも大いにあり得ますが）。

ところで、嫌な人というのは、あなたが正しいと思っていることを壊してくるような感覚に陥る人ではありませんか？

自分が正しいと思うこととはまるで違うことや、ずれていることに平然としている人を見ると、人は嫌悪感を抱くことがあります。ですが、相手の存在を自分のなかで割り切ることができずに流せずじまいでいると、それは相手を心にとめておいていることに繋がります。心にとめている状態、イコール相手のことを考えている状態、となるのです。それが2つ目の、嫌いな人を考えてしまう理由です。

では、どうすればその気持ちを切り離すことができるのか？　次の第五章で説明したいと思います。

否定してくる人への対処法

誰しもが一度は出会ったことがあるであろう「あなたを否定する人」。
否定する人というのは、このような言葉を投げかけてくることがあります。

◉あなたのためを思って言っている。
◉あなたは〇〇が似合わない。
◉あなたはこういう人じゃない。
◉あなたらしくない。
◉あなたの意見は間違っている。

素直で他人軸の影響を受けやすいＨＳＰは、そのときは「確かにそうかも」と思い、時に感謝すらしてしまうことがあるのですが、１人になったときに「ん？　あの意見って本当にそうなのかな？」「私の考えや感覚って…違うの？」と疑問を感じてしまうことがあります。その疑問はけして些細なものではなく、あなたの心の声ですから見逃さないでください。人は、心にすっと入ってくる言葉には、あまり違和感を覚えないものです。たとえそれがあなたと反対の意見だったとしても、です。

相手に言われたことと違う意見を自分が持っている場合に、自分がダメなのかな、自分が間違っているのかなと、ＨＳＰの特徴とも言える相手軸に影響されやすいということが重なって、自己否定の方向に向かうＨＳＰはとても多いです。相手の意見を上手に取捨選択して、嫌な気持ちになる言葉はさらりと流し、良い部分だけを自分なりに取り入れる、ということができれば良いのですが、それがうまくいかず、混乱してしまうこともあるでしょう。

そんなときにはぜひ、相手は本当に自分のことを思って言っているのか？ということを思い出してください。なぜならその相手の意見は、単なる相手のエゴだったりする場合があるからです。

先ほど挙げた否定的な言葉を例に説明してみます。

◉あなたのためを思って言っている

↓正直、あなたのためを思って言っているのなら、あなたのしたいように、好きなようにさせても良いのでは？

◉あなたは○○が似合わない

↓あなたがそれを好むかどうかが重要なのでは？

◉あなたはこういう人じゃない

↓それは誰が決めることなのか？

◉あなたらしくない

↓自分らしさを相手が決めるのは違うのではないか？

◉あなたの意見は間違っている

↓人の意見は十人十色。正しさの基準は人それぞれではないのか？

いかがでしょうか。あなたが感じた違和感が明確に見えてくるのではないでしょうか。相手の言葉を素直にすぐ受け取るのではなく、いったん立ち止まって見つめることは、自分軸と相手軸の境界線を引くためにもとても有効な手段です。

相手が親だったとしても、パートナーだったとしても、友達だったとしても、職場の上司でも先生でも、あなたの考えを受け止めることを全くせずに否定のみをしたときには、素直に受け取るのではなく、一度真意を見つめてみてください。

それは自分の立ち位置を明確にすることに繋がります。真意を明確にすることで嫌な気持ちになったとしても、自分がダメだからそんな風に言っているのだ、という考えに繋げることは少なくなります。要は流し上手に繋がる訳です。初めは難しいかもしれませんが、少しずつトライしていくことで必ずできるようになります。

もし、それでもやはり難しいというのであれば、自分自身の考え方を再度リフレーミングする必要があるかもしれません。実は否定してくる人を気にするのは、否定してくる人がどうこうなのではなく、その人を意識している自分自身に問題があるのです。わかりやすく言ってしまうと、要は自分が自分を認め切れていないから否定の言葉や態度を受け取ってしまう、ということなのです。

相手に影響されて自分の意見がわからなくなる

ＨＳＰは相手の求めていることを察知し、相手が考えていることや感じていることを読み取ることに長けている、という一面があります。それゆえに、自分のなかで思うことはあったとしても、相手（もしくは大衆）の態度や場の空気、今後の自分との関係などを考慮して、自分の本音と違う答えを出してしまい、本来の自分が思っていることや感じていることと違う振る舞いをしてしまう、ということがあるのです。

加えて、それは本人も無自覚で行っているときも多く、意識的には自分の本音に従おうとするものの、ついつい相手に合わせてしまい、あとになってなんであんな態度を取ってしまったのだろうと思い返し、自分自身の振る舞いにモヤモヤイライラしてしまう方もいます。

また他にも、自分がこうしよう、これに決めたと思ったとしても、いろいろな人の意見を聞いていくと、Ａという考え方もあるし、Ｂという考え方もある、他にもＣやＤもあるし…となります。他人の影響を受けやすいＨＳＰは、あらゆる意見の良し悪しを知っていくことで、「自分はどうしたいのか？」「自分には何がベストなのか？」と考えすぎて、結果、どうしたいのかわからなくなってしまうということがあります。

いわゆる「正しさの基準」を自分主体で考えるのではなく、周りの価値観とすり合わせて考えてしまい、自分の正しさや価値観を見失ってしまうのです。

相手の意見を聞くことは一見良いことのように思えますが、それによって自分の本当の心の声がわからなくなるのは非常にもったいないことです。

違いを認める

では、そんな自分から変化し、意見を伝えることができるようになったり、伝えることが難しかったとしても、自分のなかで軸をしっかり持っていられる人になるにはどうしたら良いのか？　そんな質問をされそうですが、もともと極端思考のＨＳＰにとっては、曖昧さを受け入れるためにも、まずは**自分という価値を自分で肯定できるようになること**が必要になってきます。

人は自分を肯定できるようになって初めて、相手のことを肯定できるものです。そう考えられるようになると、自然と曖昧さというものは受け入れられるものなのです。

嫌な人に振り回されているときには、実はどちらかに価値観を合わせなきゃいけない、という思考が起きています。嫌な人のことばかり考えてしまっているときには、私は私で良い、相手は自分と違って当たり前、自分の価値観と人の価値観は違う、ということをぜひ思い出してください。

エナジーバンパイアの存在に気をつけよう

「エナジーバンパイア」。この言葉を聞いたことがあるでしょうか？　エナジーバンパイアとはわかりやすく言うと現代版バンパイアのようなもので、**人からエネルギー（気力ややる気など）を吸い取って、元気になったりパワーアップしたりする人**のことです。

ちなみに、エナジーバンパイアと接すると次のようになります。

◉悪い人じゃないけれど、○○さんと会ったあとはドッと疲れる。
◉○○さんの悩み相談に乗っていると、相手は元気になって、こっちは元気がなくなっているような、元気を吸い取られたような気になってしまう。
◉体調が悪くなる。
◉頭痛や吐き気、めまいなどが起こる。
◉大して思い当たることもないのにイライラしてしまう。

直接対面していなくても、電話やメール、LINEやSNSなどでやり取りをしているだけでもこちら側が消耗することもあります。こちら側がこのようになっていたとしても、当の本人は無自覚です。そのような方の特徴を細かく分類している書籍などもありますが、簡単にお伝えすると次のようになります。

◉愚痴が多い人
◉くよくよと悲観的に物事を捉える人

◉かまってちゃん
◉依存心が強い人

このような方にエナジーバンパイアは多いと言われています。相手と自分の境界線がもろくなりがちなＨＳＰは、自分の意識の範囲内で大丈夫！　と思っていたとしても、自然と相手から影響を受けてしまうことがあります。

ですから、できるだけこのような方とは距離を置くことをお薦めします。

ＨＳＰの人が家族やパートナーである人へ

この本を手に取った人のなかには、自分ではなく家族やパートナーにＨＳＰがいるという方もいるでしょう。そんなあなたは、時に相手が繊細すぎるように見えたり、そんな相手との接し方に困惑したり、ということもあるかもしれません。

他にも、自分自身がＨＳＰだけど、自分はこういう気質を持っていて、こんな風に感じるんだ、と細かな説明が難しいと思っている方もいることでしょう。そんな方のためにも、今からお伝えすることは自分のことを説明するうえでヒントになるはずです。

話をよく聞いてあげる

とにかくこの気質は、うまく説明しようとすると遠回りになってしまい、なかなか本質の部分にたどり着く話ができなかったり、何が言いたいのかまとまらなくなってしまったり、むしろ逆に、シンプルに言いすぎて言葉足らずになったりと、極端な話し方になってしまうことがあります。

上手に話そう、わかりやすく伝えよう、そのような気持ちは人一倍あってもなかなかうまく話せず、説明下手になってしまうのです。加えて、そんな自分に更に嫌気がさしてしまうという人も少なくありません。

ですからＨＳＰの話は、結論を急がせることなく根気よく聞いてあげてください。たとえ何が言いたいのかうまく理解してあげることができなかったとしても、理解しようときちんと耳を傾けているその姿勢を嬉しく感じ、それだけで安心材料の１つとなります。

話を理解したいというその態度が、ＨＳＰにとっては何より嬉しく感じられるのです。

人と比べず、その人自身だけを見てあげる

とにかく、ＨＳＰは小さい頃から、自分の敏感な面や、人一倍感受性が強

い面、あらゆることを深く捉えてしまう面など、多方面において自分と他人を比較してきたため、誰かと比べられて判断されることをとても嫌がる傾向にあります。HSPでない人でも誰かと比べられるのは好きじゃないと思いますが、この気質にとっては嫌を超えて、傷付いたり、自信を大きく失ってしまいかねないほどのことだったりするのです。ですから、

◉なんでそこまで考えるの？
◉気にしすぎじゃない？
◉神経質。
◉考えたって仕方ない。

というような言葉はとても傷付く言葉ですから、このように「繊細さ」を強調してしまう過剰反応な話し方だけは絶対にやめてほしいと願います。このような言葉を聞いてしまうと、心を開くどころかどんどん閉ざす一方にな

りますので、注意して頂きたいのです。

その代わりに、

◉なんでそこまで考えるの？　ではなく、「そのように考えることがあるんだね」と答える。

◉気にしすぎじゃない？　ではなく、「そうなんだ」とただ受け止める。

◉神経質、ではなく、「細やかな一面があるんだね」と答える。

◉考えたって仕方ない、ではなく、「そのように考えることがあるんだね」と伝える。


このようにして頂けると、安心したりホッとすることができます。人によっては、言葉選びが大変だと感じることもあるかもしれませんが、少しでも理解をして頂けたらと、同じＨＳＰの私としては心から願うばかりです。

思っていることは伝えてほしい

些細なことでも構わないので、できる限り思っていることを伝えてあげるとＨＳＰはとても安心します。相手の些細な態度、表情の変化や声色、メールの文面の変化など、本当に細かな面まで気付くことができるので、いつものあなたと違うあなたが見えると、「何を考えているのだろう？」「何かあったのかな？」と深く捉えて反応を見てしまう傾向があり、自分のせいでそのような態度になってしまったのかな？　と自分を責めてしまうときだってあるのです。

人によっては、そんなＨＳＰを面倒だと感じるかもしれません。ですが、Ｈ

ＳＰ本人が一番そのように感じているからこそ、自信をなくし、自分が弱いからダメなのだと自責の念にかられやすいのです。

ですから、可能な限りで構わないので、思っていることはきちんと伝えてもらえたらと思います。

第五章　自分を好きになり、大切にする方法

第五章　自分を好きになり、大切にする方法

自分のこと、好きですか？

あなたに質問です。

「今のあなたはあなた自身のこと、好きですか？」

考えるのではなく、率直な今の気持ちで答えてみてほしいと思います。

きっとこの質問に対する答えとして、好きと率直に言える人もいれば、好

きなときもあれば嫌いなときもあると言う人、あまり好きではないと言う人、人それぞれだと思います。

ここでは、自分のことを好きでいられる人でも、今以上に自分を好きでいられるように、また、好きなときもあれば嫌いなときもあると言う人には、好きの量が増えるように、あまり自分のことが好きではないと言う人には、好きな自分が少しずつ現れるように、そんな**一歩先の自分に出会えるようなヒント**をお伝えしたいと思います。

自分のことを好きになるということ

そもそも、自分のことを好きになるってどういうことなのでしょう？　よく耳にする、「自分を好きでいよう」「自分を大切にしよう」という言葉。それらを聞いたときの、自分を好きになる、自分を好きでいるということの捉え方や感じ方は、その人その人で違うことでしょう。だからこそ、言葉の意味はなんとなくわかるような気もするけれど、実はピンときていない。わかっているつもりだけれど、具体的な方法がわからない。という方も多いと思います。

自分を好きになる、ということにフォーカスを当てて考えると、少しハードルが高いような、難しさを感じてしまうような場合は、実は「好き」であるということの真逆である「嫌い」であるということの理由、自分を好きでいられないという理由を、先に考えるほうが簡単な場合があります。

自分を好きでいられない理由は人によって様々ですが、

◉自分と他者を比べたときに、自分に足りないものを見つけるのが上手になっているため、なかなか自分の良さを見いだせない。

◉過去に自分を否定されたり、存在を大切にされていないと感じる経験をしたために、自分を好きになるのが難しい。

◉昔から否定的な言葉を投げかけられる機会が多かったため、自分に対して自分はそういう人間なのだとラベリング（自分への決めつけ）をしてしまい、そのように思い込んでしまっている。

◉自分の意見が言えず、人の意見を優先にしてしまいがちな自分を見たときに、自分がないように見えるから、そんな自分を好きでいられない。

など、いろいろあるでしょう。

どのような理由であれ「自分を好きでいられないと思っている」というこ

とは、自分に対して良いか悪いかで表すとするならば、「悪い」という札を貼り付けている状態のようなものです。
本来、良い悪いという基準はないのですが、もしかしたら、これまでの日々の積み重ねのなかで、「悪い」という札を貼り付けてしまいたくなるようなことがあったのかもしれません。それゆえに自分のことを好きでいられない時間が長くなり、自分は自分を好きでいられないと思い、なかには、好きでいてはいけないと思っている方もいます。

この章を読んでくださっているということは、そんな自分から一歩進んで、自分のことを好きでいられるように変わりたいと思っているからだと思います。「自分大好き!」「自分最高!」、そこまでは思えなくても、「自分のこの部分は好きかも」だとか、「前よりも自分のことを好きって言えるようになってきている…」、そんな風に感じ取ることができる自分になるのは、けして無理なことではなく、コツさえつかめば可能なのです。

第一歩は自分を知ろうとすること

自分を好きになり自分を大切にするためには、まずは好きになれない自分を責めるのではなく、自分という人間をきちんと知ろうと思うことです。それには、自分の得意不得意や心の癖などを知ることが、何より大切になってきます。好きでいられない自分を責めるのではなく、自分という、この世でたった1人しかいない人のための取扱説明書を見つめ直したり、書き直したり、書き足していくことが大切になってくるのです。

自分はどういうことが好きなのか？　そしてどういうことが嫌いなのか？　自分の得意は？　不得意は？　どんなときにどんなことを言われると悲しくなるのか？　傷付くのか？　または嬉しくなるのか？　感動するのか？　など、いろいろな自分を知ることが第一歩なのです。

この本を読み進めていくなかで、ＨＳＰの特徴やＨＳＰだからこそ感じること、この気質との向き合い方などを見ていきながら、いろいろと自身のことを知ることができたり、新しい発見ができたりしたかと思います。自分を知るということは、何も気負うほどのことでもなく、読み進めてきたなかで感じた感覚の延長のようなものなんだ、と捉えて頂いて構わないのです。

比較的真面目なＨＳＰですから、自分を知るということも真面目に考えてしまい、きちんと言葉で説明できたりするようなことなのかと思ってしまう人もいるかもしれません。ですが、その必要はありません。

自分の心のなかにある新たな発見、気付き、それが「自分を知る」ということなのですから、新しいストーリーを読み進めていくような気持ちでいて構わないのです。

自分を大切＝自分勝手…？

自分を大切にするということを考えるほど、自分の行為そのものが自分勝手な行いかもしれないと感じてしまい、すごく自分本位なような気持ちになり、自分を大切にするということに対してあまり良い印象を抱かない方もいることでしょう。

確かに、自分を大切に、という言葉だけを聞くと、他者への思いやりに欠けているような気もしますし、相手のことよりも自分のことを優先的に考えているような人もいるため、そのような人と同じになりたくない、そんな人たちが思っている「自分を大切にする」という概念と同一視されたくない、そんな思いから、自分を大切にするということが曖昧なまま、いまだ腑に落ちないという人も少なくありません。

ですが自分を大切にするということと、自分本位ということは、似ているようで全く異なるものです。自分を本当に大切にしている人というのは、自分以外の人への感謝や思いやりを持ち、相手への尊厳や尊重、相手の存在の価値をきちんと認めることができる人です。

反して、自分本位というのは、今お伝えしたようなものは存在せず、自分自身のことだけを考えていたり、自分さえ良ければ良いという考え方だったり、時には自分以外の人への配慮を全くせずに人間関係を構築している人のことを指しているのです。

あなたがあなたを大切にするということは、けして自分本位に繋がる訳ではないということを、ここで明確にしておく必要があるでしょう。

あなたがあなたを大切にする。それは実は、相手らしさを受け入れる自分になれる可能性を秘めているのです。それはなぜか？　人は自分を理解できなければ他者を理解することなど不可能だからです。

ですからそのためにも、自分という人を知ることを始め、自分の容量を知ることが大切なのです。

自分の容量を知ることの大切さ

自分の状態や自分の心の許容範囲など、とにかく自分の容量を知っているかどうかということは、自分のことを好きでいられる、自分を大切にできるようになる、そのためにも、とても大切なことです。

もっと掘り下げて説明すると、**容量を知るということは、イコール今の自分の状態を知るということ**なのです。ストレスを感じるレベルを10段階で考えた場合の1のとき、5のとき、マックスの10のときに自分はどのようになるのか？　身体の不調は？　心の状態は？　と細かな自分の変化を見てみるのです。

また逆に、自分が嬉しいときや楽しいときの心の状態はどうなのか？　前向きなのか、悩みが減るのか、人と比較しなくなるのかなど、自分で自分のことを把握できている人とそうでない人とでは、自分の受け入れ方が大きく変わりますし、何より自分で自分を守ることへの強さの違いが顕著に現れてきます。

自分取扱説明書を作ってみよう

一概にそんなことを言われても、実際どのように自分を知ったら良いのか、方法すらわかりません、という方もいるかと思います。ここでは**自分自身の取扱説明書**を作ってもらうイメージで行える、ちょっとしたワークをご紹介したいと思います。

あえて難しいことは書かなくて結構です。シンプルで良いのです。書き出すことで見えてくる自分、書いてみようと意識することで知ることのできる自分がいるはずですから、ぜひこちらの質問に書き込んで、自身を見つめる材料の1つにして頂けたらと思います。誰に見せるわけでもありません。恥ずかしがらずにご自身の思うままを素直に書いてみてください。

◆あなたがストレスを感じたとき、身体のどこが不調をきたしますか？思いつくことを全部書き出してみましょう。

（例）お腹が痛くなる。便秘と下痢を繰り返す。頭痛がする。音に敏感になる。

◆その身体の不調が起きたときのあなたの心は、どのようなことを感じやすいですか？

（例）何もやる気が起きなくなる。くよくよする。誰も信じられなくなる。自分に自信がなくなる。

◆落ち込んだとき、嫌なことがあったときに、平均してどれくらいその出来事について考えますか？　その嫌なことの大きさによるかと思いますが、だいたいで構いませんので、自分なりの時間感覚を記述してみてください。

（例）数日で気にならなくなる。１週間ほど考えてしまう。

◆体調が良いとき、あなたの身の回りはどのような状態ですか？

（例）理解者がいる。仕事がうまく回っている。家族の仲が良い。

◆日々がうまくいっていると感じたときのあなたの心の状態を教えてください。

（例）良く眠れる。なんでも前向きに取ることができる。笑顔が増えている気がする。

◆何をしているときに落ち着きますか？

（例）本を読んでいるとき。友達とおしゃべりしているとき。１人でドライブをしているとき。

◆心身ともに調子が良いとき、どんな行動を取っていますか？

（例）よく外出している。料理をしている。友達に会っている。

いかがでしたでしょうか？　今あなたが書き出したことには正解も不正解もありません。これらは、**あなた自身の状態が良いときと、あまりうまくいっていないと感じるときの様子を表したもの**となっています。要は、あなたの今現在の心の容量を示している自分取扱説明書です。

人は自分が不調だったり、うまく物事がはかどっていないと感じるとき、自分に鈍感になりやすく、一方、調子が良いときは心が軽やかでいられている状態のため、どんな感じの自分なのか正確に捉えられなかったりするものです。そう、意識しなければ自分では把握できないのです。

ですからこちらに書いてある内容を、**いつでも目にとまるようなところに書き記して**おいてほしいのです。今書いたことを手帳に書き写しても良いですし、携帯電話のメモ欄に記しても良いでしょう。またこの本を持ち歩くという手もあります。オリジナルの自分の状態を書き記せるノートを用意してみるのも良いかもしれません。

それをすることイコール、あなた自身が自分のことを知ることであり、客観的に自分を見つめることができ、結果的に、**体調が悪化したり心が疲弊してしまう前に対応できる**可能性がぐっと上がります。

自分のことは自分でしか守れないものです。そして何より自分の一番の味方は自分です。少しでも自身を知るヒントとして、こちらのワークは定期的に行ってみてください。時間の経過とともに自身の状態も変化していくものですから、定期的な自分メンテナンスは必要です。それをしていくと、自分で自分のことを「最近お腹の調子が悪い日が続くな。もしかして無意識にストレス溜まっているのかな…？」などと、自然と客観視することができるようになります。

HSPとストレスの関係性

何度もお伝えしているように「**気質＋性格＝その人**」ですが、HSPの気質を持った人がストレスを溜めてしまっているときに出やすい傾向というものが実は存在します。もちろんその傾向の度合いは人それぞれですが、自分がストレスを感じたときどのようになるのかを知っておくことは、結果的に自分を知ることに繋がります。どんな特徴があるかということをまず理解するのも大切なことだと言えるでしょう。

ストレスが溜まったときに起こりやすいこと

◈更に五感が鋭くなる

第一章でＨＳＰは五感が鋭いとお伝えしましたが、ストレスが溜まるところの感覚が更に鋭くなる傾向があります。ストレスが溜まっているということは、神経が高ぶっている状態が長らく続いているということにも繋がっているため、五感にも影響が出るのです。

聴覚だと、いつも以上に音に敏感になり、普段気にならない音が気になります。パソコンや家電から聞こえるかすかな作動音、家族が見ているテレビの音量、隣の人がタイピングをしている音や食べているときに出る咀嚼音など。人それぞれ気になるところは異なるかとは思いますが、意識してしまってなかなか落ち着かないという方もいるでしょう。

嗅覚が敏感になるという人もいます。いつも以上に鼻がきく。すれ違う人の香水や、洋服から漂ってくる柔軟剤のにおいが気になる。また触覚が敏感になり、衣服との接触面から感じるザラザラやチクチクが気になり、いつも以上に肌が敏感になってしまうという方もいます。

なかには全部が敏感になり、とても辛いと言う方もいるので、これは大きく個人差が現れる特徴だと言えます。

◈ネガティブ思考まっしぐら

普段から、あらゆることをいろいろな方面から深く掘り下げて捉えてしまうＨＳＰがストレスを溜めてしまうと、その深く掘り下げる方向をネガティブなことや悲観的なこと、過去のうまくいかなかった経験や体験に繋げて自信喪失したり、自分なんて…と自己肯定感をどんどん下げていくことがあります。加えて、普段から深く考える気質であるにもかかわらず、ストレスが溜まっていくことで更にその深さが増していき、ストレスが倍増してしまう、ということは珍しいことではありません。

ある程度のところでストップをかけて、深く掘り下げて考えることを中断できたら良いのですが、どうしても本人の意志に反して思考が無意識にその流れに行ってしまいがちなのも、ＨＳＰの特徴と言えます。

ですが、同じＨＳＰの方でもネガティブにならず、落ち込みすぎる前にうまく対処し、自分の心の持ち方をしっかりと理解し対策を練っている方が沢山いるのも事実です。

じゃあ何が違うのか？　実はネガティブになっていったときに回避できている人というのは、「**自己肯定感の高さを保てている人**」なのです。

自己肯定感とは？

自己肯定感とは読んで字のごとく、自分を肯定する感覚のことです。辞書では、自分のあり方を積極的に評価できる感情、自らの価値や存在意義を肯定できる感情などを意味する言葉（WEB『実用日本語表現辞典』より）と記されています。かなり堅く難しい表現ですので、さくっとシンプルにさせて頂きますと、自己肯定感とは**「自分にOKを出せる感情」**のことです。

自分が見て、良いとき・悪いとき、うまくいっているとき・いっていないとき、嬉しいとき・悲しいとき、怒っているとき・傷付いているとき。とにかくどんな感情であれ、どんな状況であれ、その全ての自分にOKを出せる気持ちのことを示しているのです。

例えば、仕事で大きなミスをしてしまったとしましょう。そんなとき、自己肯定感の高い人は、ミスをしたという事実自体はきちんと受け止めますが、そのあと、ミスをした自分がダメとは思いません。ミスをしてしまったけれども、そんな自分にもＯＫが出せるのです。

反対に自己肯定感の低い人は、ミスをした自分を徹底的に責めます。なんでミスをしてしまったのだろう。自分はダメだ。ミスをしてしまう自分はダメなやつだ。と、がんがん否定してしまうのです。それは反省の域を越えて、自分を責める行動に繋がります。

自己肯定感が下がっている人の特徴

今伝えた例のように、自己肯定感が下がっていると、人は自分に自信が持てない状態になっているため、自分と反対の意見や異なる意見の人を受け入れることが難しくなります。本人も無意識のうちに自分の意見が正しいと思うことで自分を守ろうとしているので、大袈裟に言ってしまうと、反対意見の人や異なる意見の人を「敵」のような存在、自分に害を与えるような存在として感じてしまうのです。

そのような人を目の当たりにすると、せっかく自分のなかで自分の意見は正しいと思うことで自身を守っているのに、それを崩されるような感覚になってしまうのです。

加えて、違う意見のほうが成り立っているように感じてしまい、結果、それは自分が間違っているってこと？　私はダメってこと？　否定してほしくない、というような感情が起こり、それにより相手を攻撃したり、嫌いになってしまうことが起こってしまいます。

HSPだから自己肯定感が低い訳ではない

ちなみに、ＨＳＰは自己肯定感が下がりやすいと言われていますが、そこで勘違いしてほしくないのは、ＨＳＰという気質があるがゆえに自己肯定感が下がっている訳ではないということです。現に同じＨＳＰでも、自己肯定感を高く持って、自分で自分を受け止めて理解している人も沢山いるのです。

じゃあ、なぜ自己肯定感が下がりやすいと言われているのかと言いますと、この気質は物事を深く捉えて見る傾向があります。深く掘り下げていくと、どうしても自分へのベクトルも太く長くなり、どんどん自己イメージを掘り下げていくことになるからです。

それだけでなく極端気質な面も兼ね備えているため、答えがないという状況に苦手意識をすごく感じやすく、何が悪いのか突き詰めても答えが見つからなかったりする場合に、**手っ取り早く自分の責任にしてしまったほうが簡単で楽だと無意識に感じてしまう**がゆえに、自分を責めたり自分がダメだと思ったりしてしまうことがあります。

それをし続けていくと、自分はダメということが自分へのラベリング（決めつけ）となり、自己肯定感が下がりやすくなるという形を作ってしまうのです。

自己肯定感を上げるには？

じゃあ、どうすれば自己肯定感を高めていくことができるのか？　どうすればどんな自分にもマルをつけてあげることができるのか？　その答えにたどり着くためにも、まずは自己肯定感が下がるがゆえに起こることをいろいろと理解しておく必要があります。

『彼を知り、己を知れば百戦して危うからず（孫子）』という言葉をご存じでしょうか。これは敵と味方の両方を熟知していれば負けることはないという有名な孫子の言葉なのですが、この言葉のように片方だけでなく両方を知るということは大切なことです。自己肯定感を高めたければ、下がった状態を知るというのも立派な対策の1つですから、あせらず1つずつ見ていきましょう。

嫌いな人に振り回されてしまう

前章で、嫌いな人を考えてしまう理由を説明しましたが、実はその人のことを考えてしまう背景には、「**自己肯定感が下がってしまっていること**」が要因として存在しています。

自己肯定感が下がっている人というのは、自分とは違う意見や反対意見を持っている人を見ると、その相手に対して嫌悪感を抱いてしまうものなのです。そしてそれは時に、相手を攻撃したくなるような感情を芽生えさせることがあります。私を否定する相手なんて嫌なやつだ。なぜ私がダメだという

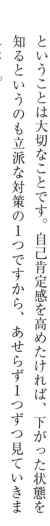

ような態度をするの？　といったように。しまいには、そんな相手が悪い、と決めつけてしまうことも起こりうるのです。

本来、正しさというのは人それぞれ違うものですが、自己肯定感が下がってしまうと、そのようになってしまう恐ろしさがあるのです。そんな相手に対して、嫌だな、苦手だな、という感情で止めることができず、それを更に増幅させ、嫌いという感情で心がいっぱいになり、自分自身をより辛く感じさせてしまう傾向があります。

加えて、嫌いな人がいる自分をまた自分が嫌いになる、というような負のループに陥ることもあり、それこそ悪循環となって、その感情から抜け出せない状態を生み出してしまうのです。

人は人、自分は自分

自己肯定感が高い人は、正しさの基準は人それぞれであり、「**人は人、自分は自分**」という考え方ができる人です。もちろん人間ですから、時に「嫌だな、苦手だな」のような感情が起こることもありますが、そこまでの感情で止めることができるため、その感情を超えて相手を攻撃したり嫌いになるようなことはありません。

そのような姿勢でいられることから、自分と違う価値観の人も寛容に受け止めることができ、人間関係の面でも人との距離を測るのがうまく、関係を良好に保つことができます。

すぐに変わろうとしなくて良い

そんな話を聞いたからといって、簡単にはできないし難しい。本やブログなどいろいろ読んでみたけれど、なかなかできない。そう感じる人もいるでしょう。

事実、過去の私自身がそうでした。沢山の本を読み自分を変えるように努めてきました。自分を高める本、自分を好きになれるための方法が沢山書いてある本、あらゆる自己啓発書。かなりの冊数を読んできましたが、それでも難しく感じることのほうが多く、それだけ前向きでいようと試みているにもかかわらずできていない自分に嫌気がさし、必要以上に自分を責めることもありました。

ですが、あるときふと気付いたのです。私は変われていないのではなく、確実に少しずつなりたい自分に変化し続けていた、それにもかかわらずHSPの典型的な気質である完璧主義が顔を出し、完璧を求めるがあまりに、聖人のような人物像になることがゴールのような感覚になっていたため、**できて**

いないと「思い込んでいただけ」だった、ということに。

小さな自信、小さな自分褒め

ゴール設定が高いことは良いことのように思えますが、時にその設定は終わりのない道を作ってしまいかねません。どんなに進んだとしても、その進んだ先でまた大きな目標を作ってしまうので、ゴールにいつまでも近づくことができないのです。

高い目標や向上心は素晴らしいもの。そのような世間一般のステレオタイプな意見も相まって、真面目で完璧主義になりがちなＨＳＰは翻弄されてしまい、いつまでも長い道のりを歩まざるを得なくなることがあります。

皆さんは、マラソンの選手が42・195キロメートルをどのように走り切っているかご存じでしょうか。
実は彼らは、ゴールを目標として走るのではなく、まずは数メートル先の木まで走ろう、それを越えることができたら、とりあえず次の交差点まで進もうと、今いる位置から近くにある目先のものをゴールにするようにしているそうです。
小さなゴールを沢山設けて、最終的なゴールにたどり着くことで、大変に見える道のりをこなす、という訳です。その小さなゴールを乗り越えた自分を見つめていくということは、小さな自信の積み重ねにもなるために達成感も大きく、自分への自己肯定感を高める材料となります。

実は、これがまさしく自己肯定感を高めていくための答えなのです。

人に嫌な態度をされて悲しい気持ちになった。そんなときにくよくよしてしまい、いつまでも前を向けないとへこんでしまう自分ってダメだ。そう思うのではなく、第二章で説明したようなリフレーミングも取り入れながら、前の自分より今の自分ができていることを見つけていく。要は小さな達成感（小さな自信）を得ていくことで自己肯定感を上げるのです。

考え方という目に見えない観点で見ると、難しく感じる方もいるかもしれませんが、例えば、達成感を小さなご褒美という形で自分に設けている方はいるかと思います。

「これを頑張ったからケーキを食べよう」「今日は自分的に〇〇を頑張ったから欲しかったアレを買っちゃおう」のように、自分に何かしらのご褒美をあげることで、満足感や充実感を取り入れてみたという経験はありませんか？　考え方にもこれと全く同じことが言えます。

何かしら自分のなかで考え方が変化しているかどうか、形にするのは難しいものですが、わからなくなったとき、悩んだときには、記述してくださいとお伝えした「自分取扱説明書」を定期的に見ながら自分の変化を確認してみてください。

そして小さなこと、些細なことで全然構いませんので、**自分自身の変化を受け入れ認めること**をしてください。そんな積み重ねが自己肯定感の向上に繋がるのです。

ネガティブはダメという思い込み

この章で説明した内容をこなしていくと、起こりうることがあります。それは、進んでいくうちに自信がついているのかわからなくなり、進んでいるつもりでも後退しているような気持ちになってへこんだり、もう前を向くのが嫌になってくるというケースです。そうなったとき、それを「ネガティブなもの」だと決めてしまうことも多いかと思います。

世の中では、ポジティブが良いことで、ネガティブはダメなことや良くないこと、というような印象で捉えられていますが、果たしてそれは真実なのでしょうか。

1つ例を挙げましょう。私の大切な友人の1人で同性愛者の方がいます。彼は、男が男を好きになることは世間一般に未だに偏見の目があるし、受け入れてもらえないことも沢山あるから、カミングアウトできないと感じていました。

女の人を好きになれない自分は普通じゃない。良くないことであり、それを公言するなんてよろしくないことだ、と。その時期の彼は自分らしさも持てず、なんでも悲観的に捉えて物事を見ていました。

そんな彼ですが、彼のなかの沢山の気付きと経験が重なり合い、カミングアウトをすると決めて実行したときに、男性を好きになる自分はダメ（ネガティブなもの）という考えから、男性を好きになる自分はあり（ポジティブなもの）に変化したそうです。

誰かに何かを言われた訳でもなく、自分がカミングアウトしただけで、今までネガティブと考えていたものが一変し、世界が変わったと話していました。

彼の例と同じようなことが、実は皆さんの日常には沢山溢れています。あなたがネガティブと思っていることをポジティブなものだと解釈している人は、世の中に多くいるのです。

第二章で説明したように、事実と解釈は異なるものです。あなたがネガティブと思っているものは本当にネガティブなのでしょうか？　今まで育ってきた環境、聞いてきた常識、教えられた当たり前。それらの影響を受けてポジティブとネガティブを判断しているだけに過ぎないのではないでしょうか。

ネガティブはけしてダメなことではないのです。**ネガティブはダメ、と思う発想自体が実はネガティブ**なのです。ネガティブを受け入れることができたとき、そのネガティブは実はポジティブに変化しています。そう、それくらい表裏一体のものなのです。

第六章　ＨＳＰと恋愛・結婚

第六章　HSPと恋愛・結婚

HSPのパートナーシップ

突然ですが、あなたにとって、恋愛・結婚においてのパートナー選びのポイントはなんですか?

今と昔とでは考え方や価値観も変わったという人もいるでしょうし、男性女性で変わることもあるかもしれません。加えて価値観は人それぞれ全然違うものです。育った環境や住んでいる地域の影響を受けながら、そして年を重ね経験を重ねていくことでも変化するものですから、正解がないのが恋愛や結婚の醍醐味でもあり、だからこそ悩みの種となることもあるのかもしれません。

ここでは、ＨＳＰという気質と恋愛・結婚を絡めてお伝えしていきますが、気質はあくまで気質ということを念頭に読み進めて頂きたいと思います。加えて、恋愛というものは本当にいろいろな形がありますし、ＨＳＰの話とはいえ「**気質＋性格＝その人**」ですから、私が説明することが正しいかどうかではなく、お伝えする内容があなたにフィットしているかどうか？　ということが非常に大切なことであり、合っていなければ読み飛ばしても良いのです。

ですから本章では、ＨＳＰだから恋愛としてこうだ・ああだ、というような形に沿ったことはお伝えしておりません。この気質にあり得る大きなポイント、特徴のみを記しています。少しでもこの内容があなたの恋愛・結婚においてヒントとなれたら幸いです。

相手への気遣い抜群なＨＳＰ

ＨＳＰは良心的であり直感的なため、相手の気分をすぐに察し、２人の間で起こっていることについて深く考えたがる傾向にある、とアーロン博士も言及しているように、ＨＳＰは男女問わず相手と向き合うことを大切にする傾向があります。

それに男女問わず、ＨＳＰは相手が何を感じているのか、何を欲していて、必要としているかを感じ取りやすいため、相手が嫌な気分にならないように気を遣うことができ、できる限りの快適空間を作ろうと努力して頑張ってしまうのです。人によっては相手の顔色を窺いすぎてしまったり、かなり神経をすり減らしてまでも、相手が求めているものを与えようとしてしまうこともあります。

相手の反応に対して気付かないフリをするほうが、ＨＳＰにとってはしんどく感じてしまうため、その場でとても気を遣って頑張るあまり、1人になったときにぐったりしてしまうなんてことが起こることもあるでしょう。

尽くしてしまうワケ

気遣い抜群なＨＳＰは**尽くし屋さんがとても多い**です。それが良いか悪いかという判断はさておき、そのような傾向にあるのはＨＳＰの特徴が関係しています。実は気付いていない人がほとんどですが、尽くしてしまうことには2つの理由があるのです。

まず1つは、人を喜ばせることに喜びを感じやすいＨＳＰゆえに、自然と相手のために尽くしてしまいやすいということです。相手のことを考え、行動することに喜びや感動を見いだすので、相手が自分の行為がきっかけで笑顔になったり、喜ぶ様子を見せたり、楽しんでもらえると、自分自身の気持ちまで高揚してハッピーな気持ちになれるのです。

これはＨＳＰでない人でもあり得ることだとは思いますが、神経が高ぶりやすく、かつ相手の些細な変化に敏感なＨＳＰだからこそ、自分の行為と相手のリアクションを繋げたときに生まれる喜びは人一倍大きいのです。サプライズを企てたり、計画を立てて相手のために何かをすることを好む方も多いでしょう。

もう1つの理由としては、相手の感情を察知したときに、（周りの人は違うと感じていたとしても）自分から見て、相手が不機嫌に見えたり、あまり良い気分だと感じていない、または落ち込んでいるように見えると、もしかすると自分が原因で相手がそうなっているのかもしれない、と**原因を自分に繋げてしまう**ところがあることです。それがゆえに、自分が原因となってしまうことを未然に防ぎたいという、いわば防衛反応のような気持ちが先行してしまうため、尽くすこと（相手を重んじて接すること）で自分を守ろうとするようになるのです。

このような2つの理由から、ＨＳＰは尽くしてしまうことがあるのです。

ＨＳＰにはお薦めできないパートナー

気質の有無に限らず、恋愛の形というのは人それぞれです。相手が変われば、同じ自分にもかかわらずそれまでとまったく違うことが起こったりと、本当に様々です。

ですが、この気質の特徴を持ち合わせているという前提のもと、あまりお薦めできないタイプの人がいるというのも事実。このお薦めできないタイプの人は何も恋愛に限らず、普段の日常生活においてもあまりお薦めできないタイプの人と言えますので、恋愛以外の面にも当てはめられるということもふまえて見てみると、新たな発見があるかもしれません。

あなたに頼ってばかりの人、お願い事ばかりの人

基本的に相手の気持ちを察することに長けているＨＳＰは、その特徴から、比較的人付き合いのうえでも気を遣いやすく、時に相手優先になってしまうことがあります。

相手の喜ぶ顔が見られるのならこれもしてあげようかな、あれもしてあげようかなと、いろいろと事前に予測して、かゆいところに手が届くような行動を取ってみたり、相手に自分自身を必要としているような態度が見えると、それがなんだか嬉しくて、ついつい頑張ってしまうという方もいます。

相手が何を考えているのか、どう感じているのか。そんなことに敏感に反応してしまうＨＳＰですから、思っている意見をはっきりと伝えてくれることは、こちら側としてはわかりやすい反応だったりします。それゆえ、実はただ自分本位であなたを思いやっていないような意見だったとしても正しいように感じてしまい、なんだか腑に落ちないまま相手の言いなりになってしまうということもあります。

そして時が経つにつれ、そうされることがあなたのなかで日常的に当たり前になってしまうと、場合によっては「相手の意見を聞いてばかりのあなた、あなたに頼りっぱなしの相手」という2人の立ち位置が確立し、**共依存**という関係にもなってしまいかねません。共依存という関係は、相手を尊重し合いそれぞれの良さを高め合う、というような関係とは真逆の関係です。

共依存になってしまうと、その相手に対して自分がしてあげたことでしか、自分の価値を見いだせなくなってしまいます。ですから、相手にしようと思ったことで、またはしてあげたことで、相手が喜んでくれないときがあると、相手に感謝されたい、自分は相手にとって必要な人だと思ってもらいたいという欲求が根底にあるため、怒りやいらだちを感じてしまうこともあるのです。

パートナーに対して、少しでも腑に落ちないような、なんとも言えない違和感を感じたり、もやっとする感情を感じたときには、次のことを一度冷静に判断してみる必要があります。

◉その相手からのお願い事は、あなたがしなくても実は相手自身ができるものなのかどうか?
◉相手はあなたに頼りすぎていないだろうか?
◉相手に何もしてあげなかったとしても、相手は自分のことを愛してくれると思えるかどうか?

これらをぜひ一度考えてみてほしいのです。自分が無理をしてまで相手のために頑張ってしまう恋愛や結婚は、あなた自身、本当に心から幸せでいられるでしょうか。あなたの存在というものは、誰かに認められなくても十分に価値があるのです。自分で自分を認められないと、人は相手に認めてもらうことで自分の価値を確認しようとしてしまいます。パートナーとの関係性は持ちつ持たれつ、お互い様ですから、あなたばかりが頑張らなくても良いのです。

短気な人、言葉のきつい人

誰かの感情がまるで自分の感情であるかのように感じてしまいやすいＨＳＰですから、短気な人、言葉のきつい人がパートナーだと、この気質の方には悪影響を及ぼしてしまいます。相手が怒っていると、こちらまでびくびくしてしまったりすることもありますし、相手が言葉のきつい人だと、場合によっては「言葉の暴力」のように受け取ってしまい、落ち着かない日々を過ごしてしまうことにもなりかねません。

そもそも何が危険かと言いますと、こういう人に限って優しいときはすごく優しかったりするものなのです。それがまた不思議と依存度を高めてしまうのかもしれませんが、これって冷静に考えると恐ろしいことです。

恋愛や結婚に限らず、普段の人間関係においてもできるだけ遠ざけたいキャラクターとも言えますが、恋愛や結婚のパートナーともなると距離が近いですから、あまりお薦めとは言えません。

あまり感情を表に出さない人

何度もお伝えしていますが、ＨＳＰは相手の態度を敏感に察知して感じ取ることができます。そんなＨＳＰにとって、感情が見えない、または読めないような**「何を考えているのかわからない人」**というのは、接しているとストレスになってしまうことがあります。

他にも、メールやＬＩＮＥなどの文面では絵文字も沢山で、愛嬌もあり楽しそうに見えるけれど、直接会って話すと、あまり表情が変わらない、あまり笑わない、何を考えているのかわかりづらいという人もお薦めとは言えません。

もちろん、そういう人がダメという訳ではありませんし、そんな人でも実は恥ずかしがり屋なだけとか、異性が苦手という方もいますから、時間をかけて心をほどいてくれる方であれば全然問題ないのですが、なにせ相手の態度（表情や言動、態度など）で普段からいろいろと察知してしまうＨＳＰにとっては、あまり感情が見えない相手というのは、一緒にいると次第に苦しく感じてしまい、気を遣いすぎて疲れてしまうことがあります。

楽しいときは楽しい。嬉しいときは嬉しい。思うことはできるだけ対面でなくても伝える。これができる人だと、この気質にとってはかなりありがたく、居心地が良い相手と言えるでしょう。

あなたらしさを理解しようとしない人

このタイプが一番お薦めできないタイプと言えるかもしれません。

相手を理解しようとする努力は、パートナーシップを築いていくうえでは非常に重要なことです。ですから、短期間ではなく長期間で見ると、あなたらしさを理解しようとしない人が身近にいると、自身でも意識しない些細なところから変な方向に進んでしまいがちです（ちなみに変な方向というのは、あなた自身が良くない方向に進むという意味です）。

どうなるかと言いますと、

◉自分だけが悪いような気がする。
◉私が我慢すればうまくいく。
◉私のせいでこうなっている。

と、ＨＳＰが落ち込みモードになったときに起こりやすい「自分を責めすぎてしまう」「自己否定力が増してしまう」という一面が、ぐんぐん大きくなっていきます。

そして、自己否定力がどんどんパワーアップしていき、自分に自信をなくしてしまい、自分の好きなこと（趣味でも服装でも考え方でも）に対しても自信が持てなくなっていくのです。あなたらしさを理解しようとしない人がパートナーだと、HSPでない人でもそうですが、特にHSPにとっては相当きついことなのです。

既にそんなタイプが、パートナーや好きな人にいる場合

お薦めできないパートナーに、自分のパートナーが当てはまっている。既にそんなタイプの人を好きになってしまった。結婚相手がまさしくそんなタイプです。そういう方もいるでしょう。

あなたは今、そのようなパートナーと一緒にいてどんなお気持ちでしょうか？　何も問題なく過ごせています――そう思う方はこの箇所は読まずに飛ばして頂いて結構です。

ですがもし、そのようなタイプの人といることで、辛さやしんどさを感じている場合は…。頭のなかでは、そのようなタイプより別のタイプが良いのかな？　とわかっていても、気持ちの部分では納得がいかなかったり、既に結婚しているので離れるなんて難しい、という方もいるでしょう。

もしくは、自分に合わないと感じることが心のどこかにあって、離れたほうが良いことはわかっている、それでも彼（彼女）にはこんな良い面もあるし、こんな素敵な部分も持ち合わせている、と感じている方や、時間はかかるかもしれないけれど、相手の良さも理解して受け入れていきたい、と考えている方もいるでしょう。相手の良い面を見ようとするのはＨＳＰの良さの一部でもあります。

私はそんなタイプの人はダメだとか、別れたほうが良いと言っているのではありません。お薦めはできませんとお伝えしていますが、選択はもちろん、人それぞれ自由です。

加えてHSPはあくまで気質であり、何度もお伝えしているように**「気質＋性格＝その人」**ですから、気質的には向いていないとしても、性格でカバーできていることだってあります。事実、私自身も、お薦めできないタイプの人とお付き合いしてきた経験がありますが、そんなタイプの方でも長続きした方ばかりでした。

ですから、これを読んでいる方で、そんなタイプの人とお付き合いまたはご結婚されている方で、かつ今後も関係を継続したいとお考えの方は、今まで以上に**「人は人、自分は自分」**と言い聞かせることを強くお薦めします。

他人との境界線がもろくなりがちなHSPは、細かな部分にまで気付ける一面があるため、自然と細かな配慮ができたり、他の人が気付かない些細なことまで気にかけることができます。それゆえ、自分が気付けることを相手が気付けなかったりすると、自分と感覚の違う相手にイライラや不満が増していき、「なんでこれをしてくれないの？」「なんで気付かないの？」「なんでそんな風な考え方なの？」という思いが募ってしまうことがあるのです。

特に、お子様が既にいて育児も絡んでくると、なおのことそうなる傾向があります。子どもがいるということは、夫婦という関係だけでなく家族という関係でもあるため、パートナーとしての相手に思うことと、同じ親としての立場で思うことの2種類が重なってしまいますから、時に不満も倍増してしまうことでしょう。

ですから、相手のためではなく自分のために、**「人は人、自分は自分」**と思うことが大切です。この気質の方は、自分を後回しにして相手を知ることに時間や労力を使う方ばかりです。細かな部分にまで気付ける面があるからこそ自然と相手への配慮ができるため、相手を受け入れるという発想で関係を継続してしまうと、それこそ自分自身のことをないがしろにしてしまうでしょう。

ＨＳＰは本当に優しい方が多いのです。ですから必要とされる態度を少しでも見せると、相手のために一生懸命になってしまうこともあります。

ですが、自分を後回しにしては元も子もありません。恋愛や結婚は「相手あってこそ」とは言え、あなたの人生はあなたが主役であり、あなた自身が幸せでいられるかどうかが何より大切なことなのです。

気質のことをパートナーに打ち明けるべきか

ＨＳＰというこの気質を相手に伝えるべきかどうかについて悩む方は非常に多いです。自分がＨＳＰだと告げるのが怖い。本当の自分を知られたらどう思われるか不安でたまらない。このように感じてしまい、なかなか言い出すことができない方はいます。

個人的には、それを言うべきか否かについては、**無理に言う必要はない**と思っています。

なぜなら、言うべきかどうかで悩まずとも、言いたくなる気持ちが勝る日が来るかもしれませんし、流れでＨＳＰに関する話をすることになるのも、可能性としてないとは言い切れないからです。ですから流れに任せるというのも１つの手段だと言えるでしょう。

また、実は面白いことに、自分で自分を理解してあげられると、相手に打ち明けるかどうかということ自体気にならなくなり、他人に求めることが減っていきます。

心のなかで、こんな自分はダメだとか、こんな自分だと受け入れてもらえないと否定していると、自分を理解してほしいという欲求は増していくものなのです。打ち明けるか否かの前に、無理にわかってもらおうとしなくても人の内面は必ず外に現れます。気質の話をしなくとも、そんな風に考えるなんてあなたらしいね、という捉え方をしてくれる場合もありますし、何よりＨＳＰは病気などではなくただの気質ですから、もともと気負う必要はないのです。

受け取る人によってはきつい言葉になってしまうかもしれませんが、仮にＨＳＰと知ったことであなたを嫌いになるような相手だったとしたら、そのような人といてあなた自身は幸せでしょうか。一度考えてみるのもありだと思います。

打ち明けることにフォーカスを当てるよりも、もっと前の段階で、自分を大切にできているかどうかの部分を見つめるほうが、大切なことだと私は思います。

ＨＳＰを理解してもらえない

この気質を伝える段階で、受け止めてもらえた人もいれば、次のような反応をされてしまった方もいることでしょう。

◉なんだかよくわからないと言われてしまった。
◉あまり関心がない態度をされた。
◉難しいと言われてしまった。

相手の反応に敏感になりがちなＨＳＰですから、もしかしたら相手にあまり深い意味はなく、なんの気なしに発していたとしても、このような言葉を言われてしまうと、自分のままでいることを相手に受け止めてもらえなかったような、否定されてしまったような感覚になり、辛い気持ちでいっぱいになってしまうことがあります。

そのようなとき、一番してはいけないことは、相手に理解されなかった、イコール自分ってダメだ、自分の価値観は間違っているんだ、と自身を卑下して、落胆してしまうことです。

相手にとっては本当に悪気もなく返した言葉なのに、あなたにとっては、自分を理解してもらえなかった言葉のように感じていることだってありますし、もしかしたら相手が言葉足らずになってしまって、あなたに伝わっていないという状態になっているのかもしれません。


もちろん、本当にわかってくれていないときもあるでしょう。ですが、自分の感覚や基準で相手の理解度や受け入れ度を測ってしまうと余計に苦しくなってしまいます。

相手の些細な反応に敏感に気付けるＨＳＰだからこそ、細かな部分を取り込み受け入れることは日常茶飯事です。だからこそ、無意識にそんな自分の基準が全ての判断基準となって人を見てしまい、思うような理解を相手から感じ取れないと思ったとき、受け入れてもらえなかった（もらえていないように見える）ときには、落ち込み度が大きくなってしまうことがあります。

ですが、相手があなたのような理解力を持っておらず、あなたが理解できることまでは理解できないということもありますし、細かな部分まで気付けるほどの配慮が得意な人ではないことだってあります。あなたができることができない、もしくは苦手と感じる人なのかもしれません。

理解をしてもらえないことにフォーカスするのではなく、「**人は人、自分は自分**」の感覚を大切にしてみてください。相互理解を求めたくなる気持ちもあるかもしれませんが、相手と自分は違うのだということを念頭に置いておくほうが、自分自身が楽になれることでしょう。

1人の時間が必要ということを理解してもらおう

ＨＳＰは、どんなに親密な間柄の人であったとしても、その人と距離を置いて**1人だけで過ごす時間が必要**です。どんなに大好きな人でも、自分だけしかいない空間で（ここが重要なのですが）１人で過ごすという時間は、ＨＳＰにとって神経の高ぶりを抑えてリラックスできる時間です。

ＨＳＰでない人には、この感覚を理解するのが難しいと感じる人もいるかもしれません。

一緒にいて居心地が良いと感じる相手であれば、１人でなくても問題ないじゃないかと思う人や、あなたのその感覚を聞いて寂しく感じる人もいるでしょう。

ですが、ＨＳＰがこの時間を削ってしまうと余計に神経をすり減らし、自分らしくいられる時間が減ってしまうので、結果的に無理をしてストレスを溜めてしまい、自然体の自分でいられなくなってしまいます。

相手に伝えるのは時に勇気がいることかもしれませんが、お付き合いを続けていくうえであなたらしさを知ってもらえずにいると、あなた自身が余計に苦しさを感じてしまいかねません。自分はこういう気質で、こういう感覚で、などと説明するのは堅苦しいし、なんだか好ましくない。そう感じる方もいるでしょうから、ただただシンプルに「1人でくつろぐ時間があると、とてもリラックスできるから、定期的に1人で過ごさせてほしい」と伝えてみるのもありです。

もし一つ屋根の下で一緒に生活している人であれば、なおのこと大切なことです。一緒に住むということは誰かと生活を共にするということですから、1人だけの時間が限られてきたりするものです。もちろんそれぞれの生活スタイルにもよりますが、1人で生活するリズムとは確実に違うため、一人時間の確保が難しくなってしまうこともあるでしょう、あなたの言える範囲で、可能なときに相手に伝えてみる、または生活の流れのなかで、この時間は自分時間に充てるというように、リズムを自身で作り出していくのも良いかもしれません。

第七章　子育てとの関わり方

第七章　子育てとの関わり方

HSP×妊娠・育児

ＨＳＰについて取り上げられることが増えてきました。そこで忘れてほしくないのは、ＨＳＰという気質を持ったうえで子育てをしている人もいるという現実です。この章では、この気質と接していくなかで、育児との関わり合いから起こる特徴的なことや、考え方、捉え方などについてお伝えしていきたいと思います。

妊娠に気付くのが早い

いろんなHSPに関する書籍やブログなどが出ているなか、あまりこの類の話はされることがなかったと思われるのが、妊娠とHSPについての関連についてです。些細なことにも敏感に気付くことができるHSPならば、妊娠という新たな命を自分のなかに宿す感覚や、自身の身体のなかで起こる大きな変化についても、気付くことができるのではないかと思い、私自身、個人的にリサーチをしてみることにしました。

HSPの気質を持っている50名の方を対象に調査をしてみることにしたのですが、95％の方が「気付くのは早いと自覚している」という結果に至りました。

妊娠検査薬を試す前から確信があったという方や、生理予定日の数日前から、つわりの症状が現れ始めていたという方、また、フライングで検査薬を使おうと思ったほど、超初期と言われている段階で気付けた方など、皆さんとても早い段階で気付いています。受精直後くらいから気付いたという、ものすごく敏感な方もいたほどです。

ちなみに私も、普段の生理の状態も月によって様々、生理周期にもばらつきがあったにもかかわらず、自身の妊娠時には、生理予定日よりも早い段階でいつもとは違う身体の変化に気付き、確信できたほどでした。これは、些細な変化に敏感に気付けるＨＳＰの気質の特徴が顕著に現れた結果と言っても過言ではないでしょう。

出産の痛みとの関連性

出産と一言で言っても、分娩方法は様々で、自然分娩や帝王切開、無痛分娩などいろいろあります。そのなかで陣痛や出産時の痛みとこの気質の関連性について調査をしてみました。

結果として、痛みへの強弱はどうしても個人差があるため、確証を得るのは難しかったのですが、ＨＳＰは痛みに対して我慢強いという傾向がある、ということがわかりました。

もちろん出産というものは、陣痛や分娩にも個人差があるように、予測できるものではありません。その痛みの度合いも、第一子と第二子で違うこともあるように本当に様々です。ＨＳＰは初めてのことに対して、そうでない人以上に危機感を感じて、大きな恐怖心を抱いてしまいがちですので、自身の予想を上回ったときの痛みには、時としてパニック状態に陥ることもあります。

そこで面白い調査結果が出たのですが、初産である・なしにかかわらず、Ｈ

SPの危機管理能力が高いという面が、本人も意識していないところで自然と発揮され、痛みに対して自身の予想のほうが上回っていた場合、HSPは痛みに耐えやすく、

◉あまり声を出さずに、声をこらえて出産ができた。
◉我慢強いと看護師さんに褒められた。
◉痛いことは痛いが、陣痛も思っていた以上に耐えられた。

と、このような感想をお持ちの方が比較的多く見受けられたのです。

他にも、普通分娩は痛みの予測はできないものの、帝王切開ならお腹を切ったのだからこれくらいの痛みは当たり前だ、という理由から、帝王切開での分娩の際、痛みを自然と受け入れることができたという方もいました。

不慣れなことや新しいことにはとても敏感になりやすいＨＳＰですが、我慢強さがあるからこそ、予測できることには強いということを、強く示している調査結果と言えます。

毎日が刺激過多

子どもがいる生活、というのは私たちの日々に大きな影響を与えます。子どもがいるということは、必然的に社会のなかに溶け込み、社会参加をしていかなければならないので、刺激過多になりやすいＨＳＰにとっては何かと大変です。

またそれだけでなく、普段の生活に加え、子どものことや家族のこと、夫婦のこと、今後のことや自分と向き合うことなど、どうしても生活上での刺激というものが必要以上に増えるものです。

他にも、子どもがいることで生じる人間関係というのも存在します。自分の家族だけでなく、子どもの友達、その友達の家族、学校の先生、病院の先生、子どもの習い事に関わる人たち、等々。沢山のコミュニティのなかであらゆる人と関わる必要があるので、時として、親としての自分はどうすべきなのか？　親としてどうありたいのか？　など自問自答することもあります。

気質であるがゆえに、普段から「ああでもないし、こうでもないし…」といろいろと考えていることが多いＨＳＰですが、育児というものは正解というものがないからこそ難しいと感じやすいものです。子どもの性格や気質もそれぞれであり、加えて、育児をしていると、私たちの日常はどうしても子どもを中心に回りやすく、自分のペースが乱れてしまうことは日常茶飯事です。子どもが大きくなり手が離れたとしても、子どものことは心のなかで常に気にかけますし、一生涯、子どもは子どもです。

その育児を楽しいと感じることも、辛いと感じることも、人それぞれの考え方や捉え方で大きく変わってくるものですが、ＨＳＰの気質としては、慣れないことや初めてのこと続きになりやすい育児に対しては、刺激過多となり、時として強すぎる刺激を受けることもあるため、ストレスを抱えやすい傾向にあります。また、そんなストレスを抱えてしまう自分を責めてしまう方も少なくありません。

ですからＨＳＰという気質である以上、そうでない人よりは日々の生活に刺激が多いのだということを念頭に置いて、日々育児と向き合う必要があります。そうすることで少しでも未然に、ストレスを増幅させることから自分を守ることができるのです。

沢山のママパパが集まるところが苦手？

ただでさえ、沢山の人がいる場所ではエネルギーを消耗しやすく、そして疲れやすくなりがちなＨＳＰですが、育児をしていると、そんなことを言ってはいられないほど、どうしても避けては通れない場所というのがいくつもあります。

小児科などの病院関係、保育園や幼稚園、学校との関わり合い、部活関連や子どもの習い事、子ども繋がりで起こる親同士のやりとり。挙げるとキリがないくらい沢山出てくるものです。しかもそれらは、子どもの成長に応じて接する環境や場面が変化していきます。

新しい場所や不慣れな環境などに対して神経が高ぶりやすいＨＳＰですから、その新しい状況に溶け込めるまでに個人差はあるものの、親として子育てをしていくうえでは、かなりの刺激過多な状況を通過していかなければなりません。

「初対面の人と気軽に話せるし、人見知りせず過ごせるので、そこまで問題はありません」と言う人や、「表向きはそつなくこなせます」と言う人もいるでしょうが、それでも1人になったときにすごくぐったりした、疲れてしまった、と感じる方は非常に多いです。

それ以外にも、先ほど挙げたような場所だけでなく、子ども向けのイベントや子どもが好きそうな場所に行くということも、HSPには疲れやすさを引き起こすことの1つになります。それでも子どもが喜ぶならと頑張ってそのような場所に行き、帰宅後もしくは1人になったときには、とてもぐったりしてしまうという方が多いのも、気質であるがゆえに起こる特徴だと言えます。

気配りができるからこそ

些細なことも敏感に察知できるＨＳＰは、周りの空気感や人の些細な態度や表情の変化に敏感に気付くことができると何度かお伝えしていますが、その一面が育児と重なると、さらに神経を使うことが増えてきます。

例えば外出時。移動中の電車のなかやスーパーマーケットやデパートなど、子ども連れで出かける際にできるだけ周りに迷惑にならないようにと、とても気をつけて行動しているので、帰宅後は疲労が溜まって、ぐったりしてしまいます。子どもの年齢が低ければ低いほど手がかかるため、小さなお子様がいる方は必要以上に疲れてしまうことでしょう。

また子どもの人数が多いときも同じようになります。目配り気配りの幅がぐんと広がり、気にかけなければならないことが増えます。それはすなわち、神経が高ぶっている状態が持続しているということですから、休まる暇なんて全くないということです。誰かサポートしてくれる人がいるときには、その状態が緩和されたりするのですが、1人で見なければならないときや、1人で行動せざるを得ないときなどが多い場合は、説明するまでもないでしょう。

HSPでない方でも、そのような状況下では疲れたりするものですが、この気質はそうでない方に比べて、倍疲れると言っても過言ではありません。また、他の人に自分が疲れていると見えないような対応や気配りも容易にできてしまう器用さも持ち合わせていることが、疲労感やストレスの蓄積を更に増やしてしまうことに繋がるのです。

育児に向いているHSP

ＨＳＰのなかには、自分は子育てに向いてない、性に合ってない、そう感じるがゆえに、子どもを持たない、子どもは１人だけで良い、という選択をする方もいます。ＨＳＰにとって子どもを持つというのは、やはりそれくらい日々刺激過多にさらされやすいということを意味しているのです。

そんなＨＳＰですが、実は相手の些細な変化に敏感で、かつ共感力が高いので、**育児に向いている**と言われています。

子どもが何を求めているのか？　子どもが何を伝えたいのか？　それを理解することに長けているので親としての能力は優れており、子どものことを考えた育て方が自然とでき、そのときに応じた解決策を見いだすことができると言われているのです。

ですが、刺激過多が続いてしまうと疲れやストレスが蓄積してしまい、それにより自己肯定感が下がってしまいがちなのもこの気質の方によくあることなので、傍目にはきちんと育児に取り組んでいて頑張っているように見えていても、「自分はちゃんと育児ができているのだろうか？」と自問自答して、ぐるぐる考えてしまうことが多いのも特徴の1つと言えます。

HSP 高い基準を設定してしまいがち

普段から小さなことでも掘り下げて考え、あらゆる面において些細なことにも気付くことができるHSPは、育児に対しても意識が高く、親としてこういう自分でいたい、自分のことも家のことも育児もきちんとできるような親でいたいと、自身のなかで親としてのハードルを高く設定してしまうことがあります。

子どものことを思うがゆえにそうなってしまうこともあれば、ＳＮＳやメディアによって、育児に関する影響を無意識のうちに受けてしまい、子どものことも自分のことも気を抜かない親になることが良い親なのだ、という風に思ってしまっていることもあります。

本来、親というものはこうであるべき、というのはなく、人それぞれ千差万別であり、正しさもそれぞれなのです。しかし、世の中で言われているような、良い親というのはこういうものだ、のような理想像や、自身のなかで思い描いている親としてのイメージになりきれていないと感じてしまったときには、一気に自分自身に落胆してしまい、親としての自分に自信をなくしてしまう、なんてことも起こります。

他にも、子どもの気持ちを配慮できなかったときの自分を思い出して自分を責め続けてしまったり、子どもの心をしっかり見つめて寄り添えているのか自信が持てずに、こういう親でいたいというハードルだけが上がってしまい、苦しさが増えてしまうという人もいます。

それと相まって、第二章でＨＳＰの「すべき思考」についてお話ししたように、育児においても「すべき思考」は発揮されることがあり、自分の設定したことをこなせないと自信をなくしてしまうので、それが親としての自分の一面にも繋がり、更に悪循環を生んでしまうことがあるのです。

母性神話の怖さ

ＨＳＰにとって、**母性神話は非常に悪影響を与えやすい**ものです。子どもには○○させたほうが良い、親というのは○○であるべき、のような考え方は、特にＨＳＰにとってあまり良い方向に繋がりません。

子どもは母乳が良い、３歳までは母親のもとで育てたほうが良い、といったよく聞くようなものから、姑や実母、周りからの、こうしたほうが良いだの、ああすべきだなどの、育児先輩論のような内容に翻弄されてしまい、ただでさえ子育てで大変なのに、身も心もぼろぼろに疲れてしまっている方もいるでしょう。

自分なりに一生懸命やっている。でも本当にこれで良いのか自信がない…。これで良いのだろうか…。自分は母親になって良かったのか…。親としてそう感じてしまうのはHSPに限ったことではありませんが、気質上の影響を受けてHSPは、そうでない人以上に考えやすく、マタニティブルーや産後うつになりやすい傾向があります。

また真面目なHSPらしく、気になることはネットで検索するにとどまらず、ありとあらゆる方面から情報を収集し、何がベストかを追求してしまう面があるため、余計に情報に翻弄されてしまうのです。

男性ＨＳＰが感じる親になるということ

男性でこの気質を持っていると、母親とはまた違う側面で気質の影響を受けて悩むことがあります。今でこそ主夫という言葉も浸透していますが、男性が社会に出て稼ぐという風潮は今なお残っていることから、責任感が強いＨＳＰらしさが、家庭を支える大黒柱としての責任感を強くさせてしまうのです。

一見、それは良いことに思えるかもしれませんが、父として、そして夫として妻を守っていく、その決意が次第にプレッシャーに変化してしまい、その大きさにつぶされそうになってしまうため苦しさを感じてしまう、ということがあります。

また自分のなかに、男性という世の中のイメージや自己イメージがあるがゆえに、今お伝えしたような気持ちを吐露する場がないと感じ、また、そんな気持ちを吐くことはかっこ悪いことだと考え、それがストレスとなって更なる刺激過多を生んでしまうことがあるのです。

育児だって千差万別

考え方も価値観も人それぞれです。それは育児に関しても言えることで、考え方に正解も不正解もありません。答えがないのが答え、というものは、確証がないからこそ難しいものですし、自分だけの答えに自信を持つということは、気持ちのバランスが取れている状態だとできるかもしれませんが、常にそのようなバランスを保てる訳ではありません。日々刺激過多のなかで育児をしているHSPにとっては気持ちが保てない時間も多いため、辛く感じてしまうときだってあるでしょう。

それに、時に自信をなくし、進むべき道がわからなくなってしまうことだってあります。Aさんにとって正しいことがBさんにとっては間違っていることもありますし、○○くんと○○ちゃんでも接し方を変えたほうが良い場合もあるため、何をどうしたら良いのか迷ってしまい、心が疲弊してしまうこともあるでしょう。それほど育児というものは、一言で説明できるものではないのかもしれません。

だからこそ、自分の育児に自信が持てないときがあるのは当然なことです。日々これで良いのかどうかを考え感じながら、親としての年数を重ねていくしかないのかもしれません。

育児を語れるほど私も経験を積んではいませんが、HSPという気質を通して様々な方のお話を聞き、この気質の方々と寄り添ってきたなかで思うのは、「**自分自身が思うことや感じること、感覚に間違いはない**」ということです。

もしかすると、あなたのスタンスは誰かにとっては間違っているのかもしれません。ですが、間違っているとかいないとかよりも、あなた自身が「**しっくりくる**」と感じるのであれば、それがベストではないでしょうか。

自分だけの時間を取る大切さ

子どもが小さければ小さいほど、また子どもの人数が増えれば増えるほど、自分の時間を確保するのは難しくなります。隙間時間をいかに上手に使うか、また、いかに自分の時間を確保するかを考えることも大変ですが、育児は予想外のことが起こることもあり得ますから、予定通りにいかず振り回されてしまうこともよくあります。それゆえに、時に育児に拘束されているように感じる人もいることでしょう。

ただでさえ神経が高ぶりやすいこの気質で育児をする、ということの大変さは経験者にしかわからないものです。子どもが小さいときには小さいときなりの出来事や悩み、大変さがあり、大きくなったらなったで、その子の成長していく過程によって内容も変わっていきますから。

もちろん、辛いことばかりではなく、嬉しいこと、喜ばしいことがあり、子どもの成長を感じたときに湧き上がる喜びもひとしおです。その反面、抱える葛藤や大変さ、辛さなどは、それぞれの家庭で異なるものではありますが、言葉では言い表せないほどきついときもあるでしょう。

何度もお伝えしていますが、親という立場にあったとしても、私たちはその前に1人の人間です。親でもなく、妻（夫）でもなく、**「自分」を感じることのできる自分だけの時間**というのはHSPにとっては特に大切な時間です。

とはいえ、子どもを預けて自分時間を取ることに抵抗を感じる人や、一人時間を取るなんてわがままを言っているような気持ちになり、素直に心から休むなんて難しいと感じる人もいれば、無理をして頼らないようにしているわけではなく、環境や状況をよく見て、「どうしても無理です」と言う方も多くいます。それこそ様々なのです。

ですから、息抜き方法はコレです、と確定的に伝えることは、正直に申し上げますと無理に等しいことです。加えて、育児に対する方針や考え方も人それぞれですから、私が断定してお伝えするのは間違っているとも思っています。

だからこそ、育児と向き合うなかで、ご自身の環境や状況に合わせた「**自分なりの息抜き方法**」「**自分なりの自分時間の取り方**」を見つけることが非常に大切になってきます。

育児が人それぞれということは、その人に合う自分だけの時間というのも、同じように違って当然なのです。自分の休み方を型にはめることなく、自身が本当に心地良いと感じられる方法を、子どもの成長や環境の変化とともに自身でクリエイトしていくことが、一番の得策だと言えるのかもしれません。

あとがき

実はここまで書き上げるまでに、1年半という期間を費やし、本書が出来上がりました。それが早いのか遅いのか…私にはわかりません。というのも、この気質で執筆するということは、深く掘り下げてしまう気質ゆえ容易なことではないからです。

それでも私の思いとしては、とにかくただただ、「誰かがこの本を手に取ってよかった」と感じてもらえたら…。そんな気持ちだけで、一字一句心を込めて書き綴りました。

HSPを知っていた人にも、初めて知る方にも、この本が、少しでもあなた自身を知るきっかけや材料になってもらえたら嬉しいです。

この気質と向き合い、この気質を愛し、この気質と仲良くするかどうかは
誰かが決めることでもなく本人次第です。

自分の人生は自分で作るものです。
誰にも決めることはできません。

毎日をどう過ごすのか？
どういう風にしていきたいのか？
日々はあなたで作り出すものです。

この本を通してあなたと出会えたのも、何かのご縁だと思っています。
自分の可能性、自分の良さ。
それを信じてあげてくださいね。

そして最後に。

執筆期間中に、第二子妊娠、激しいつわり、そして出産と、めまぐるしい日々を過ごす私を支えてくれた大切な主人、家族、大切な人たち、SNSを通して励まして下さった皆様。この場を借りて心よりお礼申し上げます。

皆がいなければ、私はここまで頑張れなかった。本当にありがとう。

あらためて、この気質を持つ自分を好きになれたのは皆のおかげです。

この本との出会いが、あなたの日々のヒントに繋がれたら幸いです。

上戸えりな

参考文献
エレイン・N・アーロン著／明橋大二訳『ひといちばい敏感な子』（1万年堂出版）
エレイン・N・アーロン著／冨田香里訳『ささいなことにもすぐに「動揺」してしまうあなたへ。』（SBクリエイティブ）

上戸えりな

1986年、沖縄県生まれの二児の母。HSP気質を持つ。

那覇国際高校卒業後、関西国際大学心理学部へ進学。カウンセラーを目指し心理学部に進むも、ウエディング業界に魅力を感じ、卒業後はその道へ。
当時はまだ「HSP」という言葉すら知らなかったものの、その気質の特長を大いに活かし、フリーランスのウエディングプランナー、プランナー育成事業などで活躍。その後、出産を機に一旦職を離れる。

このとき、「HSP」という言葉に人生で初めて出会う。
「この気質を持つからこそ」の観点を大切にしながら、現在、HSPの認知度向上と、HSPに関するあらゆるアドバイスを含め、様々な分野で精力的に発信、活動中。

装丁／冨澤 崇（EBranch）
イラストレーション／滝本亜矢
校正協力／新名哲明・大江奈保子
編集・本文design＆DTP ／小田実紀

HSPの教科書【HSPかな？ と思ったら読む本】

初版１刷発行 ● 2019年４月16日
９刷発行 ● 2022年11月22日

著者

上戸《かみと》えりな

発行者

小田 実紀

発行所

株式会社Clover出版
〒101-0051 東京都千代田区神田神保町3丁目27番地8 三輪ビル5階
Tel.03（6910）0605 Fax.03（6910）0606 http://cloverpub.jp

印刷所

日経印刷株式会社

ISBN978-4-908033-26-1 C0011

本書の内容に関するお問い合わせは、info@cloverpub.jp宛にメールでお願い申し上げます